Fonctions support

Les clés de la réussite

Groupe Eyrolles
61, bd Saint-Germain
75240 Paris cedex 05

www.editions-eyrolles.com

© Groupe Eyrolles, 2012
ISBN : 978-2-212-55500-4

Jean-Christophe Berlot
Hugues d'Heudières

Fonctions support

Les clés de la réussite

EYROLLES

Sommaire

Partie II

Développer le jeu d'acteurs pour pallier le manque de pouvoir

Clé 5

Clé 6

Partie III
Veiller à la cohérence

Introduction

Bienvenue au club !

L'histoire commence toujours de la même façon : le patron veut que l'entreprise progresse dans un domaine particulier, il décide de créer une fonction ou d'en changer le responsable, ce qui revient au même.

Vous venez d'être nommé pour en prendre les rênes. Peut-être en êtes-vous un spécialiste. Peut-être au contraire étiez-vous jusque-là un opérationnel de terrain ou dans une autre fonction.

Les mots de bienvenue fusent assez vite. Sur le terrain : « *Tu vois notre front, là ? Il y a écrit :* "Ne viens pas nous faire suer !" » En comité de direction : « Ce n'est quand même pas la fonction qui va décider ! » Dans tous les cas, vous découvrez l'ampleur de la tâche et le terrain miné sur lequel vous entrez.

Bienvenue au club !

Comment en est-on arrivé là ?

Les *opérations* (production, forces de vente, plateformes de back-office ou centres d'appels, etc.) constituent le cœur des entreprises. Mais progressivement, à mesure que les centres d'opérations se multipliaient, parfois aux quatre coins de la planète, des *fonctions* ont été créées : pour structurer et professionnaliser les pratiques (selon les discours convenus), pour rendre compte au patron (dans la réalité), pour mordre les mollets des barons (leur objectif à peine inavoué).

Les fonctions financières ont été les premières à se structurer (généralement sans difficulté). D'autres se mettent en place progressivement, à mesure que l'entreprise se développe. Ainsi, les ressources humaines, la technique, la stratégie, la qualité, les achats, puis la RSE[1] ou, dans la banque, la conformité, la déontologie, etc.

Les grands groupes, aux activités et aux implantations multiples, se sont rapidement fait les champions des fonctions centrales. On a structuré des méthodes, des outils pour chacune. Les entreprises plus petites se sont structurées à leur suite. À la tête des fonctions ainsi créées on nomme d'anciens opérationnels ayant plus ou moins réussi (selon l'importance de la fonction) ou des professionnels venus de l'extérieur. Les heureux élus découvrent que « c'est très politique », qu'en même temps « c'est stratégique », que leur fonction constitue pour eux un passage obligé, mais qu'ils ne sont plus aux manettes. Les difficultés commencent.

Pourquoi faire un livre générique à toutes les fonctions ?

Les techniques de la qualité, des achats ou de la RSE n'ont rien en commun, l'innovation n'a rien à voir avec les ressources humaines… Comment parler de méthodes communes ?

Notre expérience de dirigeant et de consultant nous confirme tous les jours la difficulté, pour les entreprises de toute taille, de créer et de déployer des filières fonctionnelles efficaces. Qu'il s'agisse de la qualité, des achats, de l'innovation, de la RSE, des méthodes, de l'éthique et de la déontologie, de la sécurité ou même des ressources

---

1. Responsabilité sociale d'entreprise.

humaines et de la finance, la volonté affichée de structurer les pratiques en transverse se heurte systématiquement aux jeux de pouvoir internes. L'apport de la fonction est souvent pénalisé par des rapports de forces peu fructueux, sinon mortifères. Les entreprises de toute taille résonnent systématiquement des mêmes commentaires : « *Ils travaillent comme des cochons dans les unités* » et, comme en écho, « *Ils ne fichent rien au siège* ».

Une fonction n'a généralement qu'un seul point d'appui pour démarrer : l'ambition d'un patron d'améliorer la performance de son entreprise. Et un défi considérable : réussir dans un environnement qui ne l'attend pas et voit d'un mauvais œil toute velléité de prise de pouvoir. Le manque d'efficacité des fonctions est souvent lié à une mauvaise compréhension des enjeux, des leviers d'action, du rôle et de la posture fonctionnelle. C'est justement à eux que nous allons nous intéresser ici.

Ce livre concerne toutes les fonctions transverses de l'entreprise. Certaines sont couramment appelées « fonctions support », puisqu'elles sont censées soutenir la marche quotidienne des unités opérationnelles.

Ce livre s'adresse à vous, **récemment nommé responsable d'une fonction**. Vous n'y trouverez pas les techniques propres à votre fonction, mais à coup sûr vous en sortirez beaucoup mieux armé pour réussir. Il s'adresse également à vous, **responsable de fonction depuis quelque temps déjà**, qui avez fait le tour des actions possibles ; ce livre vous donnera des idées nouvelles et des méthodes différentes, à travers l'expérience capitalisée de vos confrères.

Au risque de vous étonner, il s'adresse aussi à vous, **responsables opérationnels, hiérarchiques** au pouvoir théoriquement indiscutable. Pourquoi ? Parce que justement, le pouvoir de donner des ordres et d'exiger des résultats perd peu à peu de sa puissance et de son efficacité. La société évolue rapidement, d'autant plus que s'accroissent les niveaux de formation, de réflexion et de jugement des collaborateurs. En fait de pouvoir, chacun sait bien que les collaborateurs font avant tout ce qui les intéresse. Un patron, quel qu'il soit, a de moins en moins tous les pouvoirs (s'il les a jamais eus). Il peut ainsi avoir grand intérêt à adopter, sur certains sujets, une posture fonctionnelle d'aide et de soutien pour faire partager sa vision. Certains patrons des plus grands groupes ne s'en privent pas, simplement parce qu'au-delà du pouvoir, ils veulent avant tout être efficaces. Les patrons de petites structures non plus. Quelle que soit votre situation, vous trouverez ici un nouveau jeu de jambes pour renforcer votre efficacité d'action.

Il s'adresse enfin à vous, **directeur général**, qui devez tirer le maximum de vos unités opérationnelles, en valorisant l'apport de vos fonctions par la juste coordination de l'ensemble.

La fonction, tremplin pour une carrière

Nous avons rédigé ce livre pour aider les fonctionnels de tout niveau à réussir dans leur mission… et à en sortir par le haut. Car une fonction constitue aussi une formidable école de management et, à ce titre, une opportunité de tremplin pour la carrière de ceux qui l'animent.

De manière caricaturale, la fonction oblige à mettre en mouvement des ressources que vous ne dirigez pas, pour atteindre des résultats qui ne les concernent même pas toujours. Elle vous incite ainsi à acquérir des leviers nouveaux, des postures, des manières de procéder différentes. Après un parcours fonctionnel, vous ne managerez plus jamais de la même manière. Vous serez beaucoup plus efficace lorsque vous retrouverez un poste opérationnel.

Dans une fonction, vous allez également travailler en transversal sur l'ensemble des unités opérationnelles de votre entreprise, ses différents sites, ses implantations dans des pays peut-être différents, avec des cultures diverses. Travailler et faire travailler ensemble, animer, coordonner. Depuis la fonction, vous verrez l'ensemble des rouages de l'entreprise en marche.

Enfin, la fonction est généralement un lieu d'élaboration de stratégie, de construction d'ambition, de vision pour l'entreprise. La fonction définit des buts, des parcours, des caps – à l'instar des projets stratégiques, que d'ailleurs elle porte souvent. Elle travaille avec l'extérieur – groupements professionnels de la fonction, partenaires, confrères d'autres entreprises, universitaires, etc., toujours en quête de références nouvelles et de meilleures pratiques.

Certaines entreprises ont d'ailleurs érigé les fonctions en passage obligé pour leurs meilleurs cadres. Ce n'est pas pour rien : près du centre de décision suprême ils peuvent acquérir une vision beaucoup plus globale… et développer leur réseau personnel à haut niveau. Ceux qui y réussissent en font un véritable tremplin pour leur carrière et leur réussite personnelle ! Nous y reviendrons à la toute fin du livre.

À propos de ce livre

Comment réussir quand on devient fonctionnel ? Les méthodes sont peu connues, mais elles existent. Nous avons voulu rassembler ici celles que nous avons vu fonctionner sur le terrain.

Ce livre présente la synthèse de plusieurs années de travail avec, dans et autour des fonctions de l'entreprise. Les expériences qui le portent viennent d'entreprises de toute taille, depuis la PME de deux cents personnes réparties sur plusieurs sites, jusqu'aux plus grands groupes à l'échelle mondiale. Certaines sont publiques, d'autres privées, d'autres encore semi-publiques.

On y retrouve à chaque fois les mêmes difficultés pour toute fonction de valoriser des savoir-faire, des bonnes pratiques, des techniques pourtant éprouvées et théorisées.

Nous l'avons écrit à deux mains, un consultant et un dirigeant (qui ont été aussi, respectivement, dirigeant et consultant dans le passé). Vous n'y trouverez pas ce qui se dit ailleurs. Il ne s'agit pas de présenter une énième méthode de management, mais d'aider en tant que praticiens d'autres praticiens. Nous avons pris pour cela le langage de la rue – ou plutôt, comme il s'agit d'entreprises, des couloirs.

Chaque chapitre est présenté comme une clé. Il ouvre une porte nouvelle, sur le chemin vers une fonction efficace et performante.

Il est organisé pour permettre une lecture simple et directement applicable, selon la structure suivante :

— Les enjeux de la clé : pourquoi en parlons-nous ? Qu'y a-t-il à y gagner ? Que perd-on si l'on ne s'y attelle pas ? Ces enjeux seront introduits par des illustrations synthétiques de situations réelles.

— Les méthodes : quelles sont les meilleures pratiques mises en place par les entreprises pour atteindre les enjeux visés ? Des exemples d'outils concrets seront donnés en même temps. Comme nous l'avons dit, l'idée n'est pas de fournir un bréviaire complet sur une technique fonctionnelle donnée : des manuels beaucoup plus spécialisés existent pour chaque fonction. Nous nous fixons pour objectif de décrire l'environnement et le jeu d'acteurs dans lesquels la fonction doit trouver sa place, et d'indiquer les manières de procéder les plus performantes pour y parvenir.

— Vos leviers d'action et de mise en œuvre : concrètement, que pouvez-vous faire pour donner la pleine mesure des méthodes et des pratiques identifiées ? Nous le verrons, certains comportements ne sont pas simples à adopter. Ils exigent doigté, écoute, flexibilité. Mais ils sont essentiels, et largement réutilisables au-delà même des fonctions.

Vous le verrez rapidement : les exemples et les pratiques exposés ici s'inspirent directement de la problématique des fonctions spécifiques. Ils peuvent néanmoins être facilement généralisés bien au-delà. Dès que votre responsabilité dépasse votre pouvoir, dès que vos activités dépassent votre équipe, les mêmes pratiques vont vous aider.

Nous avons choisi d'illustrer notre propos par des cas réels d'entreprises de tous les secteurs (services et industries), dans des entreprises et des groupes de toutes les tailles. Vous y reconnaîtrez peut-être des situations semblables à celles que vous vivez vous-mêmes – et c'est tant mieux : vous pourrez ainsi appréhender d'autant plus facilement les méthodes et les outils que nous vous proposons.

Ces situations relèvent de fonctions spécifiques, vécues par Monsieur ou Madame Éthique, Madame ou Monsieur Achats, Monsieur ou Madame Innovation, etc., qui vont nous permettre de conserver l'anonymat des entreprises où ces situations se sont produites : **car toutes, absolument toutes, sont véridiques. Même les plus incroyablement caricaturales…**

Dans une première partie, nous allons présenter la posture et l'outillage du fonctionnel, son plan de travail, sa manière d'aborder sa mission. Nous approfondirons dans une deuxième partie le jeu d'acteurs à mettre en place, pour compenser le manque de pouvoir hiérarchique. Nous évoquerons enfin dans la dernière partie la nécessaire cohérence des postures, des comportements, des manières de faire et des états d'esprit fonctionnels, avec l'efficacité recherchée. Pour être efficace il faut commencer par être cohérent… Et ce n'est pas si simple !

Une première clé… de lecture !

Pour nous repérer dans l'entreprise, nous allons nommer ses différentes parties prenantes comme suit :

- le siège, constitué de la direction générale et des directeurs de fonctions (ressources humaines, finances, qualité, achats, etc.) ;
- les unités opérationnelles elles-mêmes, que nous définirons en introduction de la première partie, avec leur directeur, leurs collaborateurs opérationnels et leurs correspondants de chaque fonction ;
- les filières fonctionnelles liées à chaque fonction, qui regroupent le responsable au siège de la fonction, son équipe (s'il en a une) et ses correspondants (éventuels) dans les unités opérationnelles.

L'ensemble est schématisé comme suit :

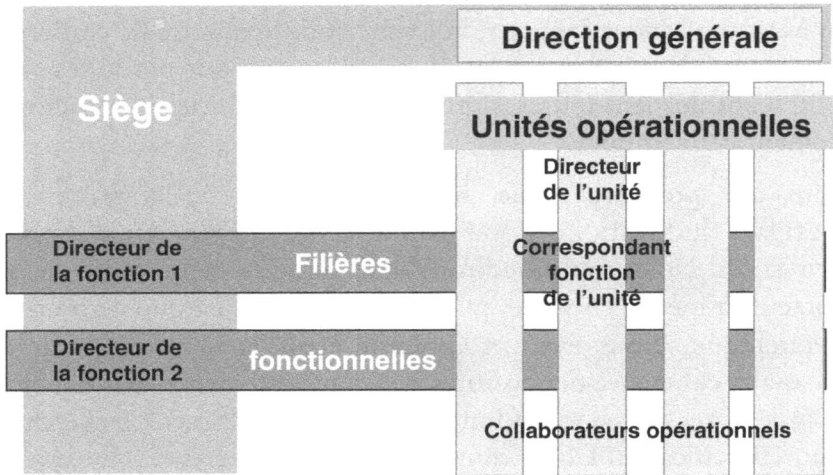

Direction générale

Siège

Unités opérationnelles

Directeur
de l'unité

Directeur de la fonction 1	Filières

Correspondant
fonction
de l'unité

Directeur de la fonction 2	fonctionnelles

Collaborateurs opérationnels

Clé de lecture.

Enfin, et avant de commencer, permettez-nous de remercier nos collègues, nos équipiers et nos clients, qui nous ont permis de construire le parcours que nous allons faire ensemble ici. Ce livre n'existerait pas sans eux. Il leur est dédié.

Nous remercions aussi le cabinet Executive Portance, qui nous a permis d'utiliser certains de ses supports méthodologiques, ainsi que les Éditions Eyrolles, qui ont accepté de tenter l'aventure de ce livre.

Partie I

Développer la posture
et l'outillage fonctionnels

Une entreprise est généralement constituée de *business units*, comme disent les Anglo-Saxons, d'**unités opérationnelles** comme nous le dirons par la suite. On peut les appeler « branches », « divisions » (avec tout ce que ce vocable véhicule…), « activités », « unités », etc. Elles sont plus ou moins indépendantes, responsables souvent de leur compte de résultats devant le directeur général, qui les met régulièrement sur le grill pour leur demander davantage.

Vous arrivez dans cet ensemble déjà constitué de territoires (aussi appelés silos, comme le schéma suivant le suggère), avec une mission transverse, puisque votre fonction les concerne tous et chacun. En quoi votre fonction n'est-elle pas un territoire vertical comme un autre ? D'abord, parce que vous vous adressez à toutes les unités. Ensuite et surtout, parce que les ressources sont dans les unités, pas chez vous. C'est-à-dire que vous allez devoir atteindre vos résultats avec les moyens de barons locaux, qui respectent peut-être plus ou moins le monarque, mais à coup sûr personne d'autre.

L'ensemble est repris sur le schéma suivant. À gauche, vous, vos méthodes, votre professionnalisme, votre mission et votre énergie. À droite, la structure de l'entreprise, ses directions opérationnelles (nous n'avons pas figuré les autres directions fonctionnelles, qui seraient parallèles à la vôtre, comme sur le schéma présenté dans l'introduction de ce livre). Entre les deux, un engrenage à trouver, une courroie de transmission, des points d'appui, des leviers, pour déployer votre arsenal fonctionnel, le nouveau professionnalisme que l'entreprise attend de vous. Une sacrée bombe, en réalité, comme nous allons le voir !

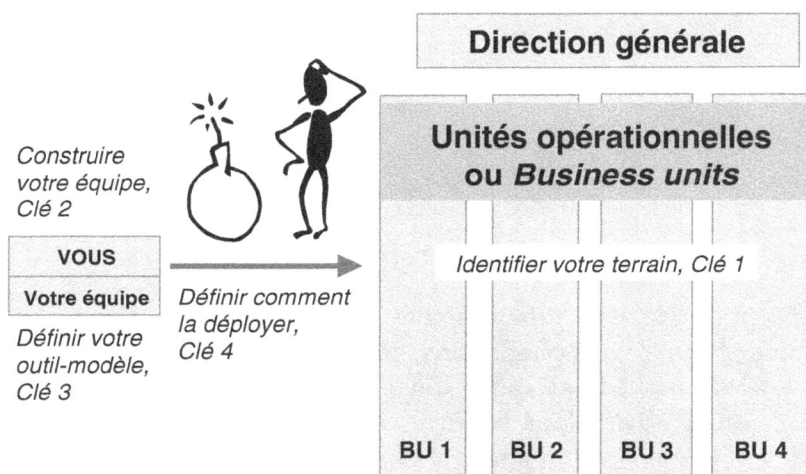

Développer la posture fonctionnelle :
ancrer la fonction dans la vraie vie.

Pour développer votre posture fonctionnelle dans une telle entreprise, vous allez donc :
- Repérer ces appuis, ces leviers, les freins potentiels, les opportunités, les contraintes ; identifier les acteurs. Ce repérage est l'objet de la **Clé 1**.

- Déterminer avec qui vous partez : avez-vous un, deux, trois équipiers, une équipe (généralement très) resserrée autour de vous ? Comment la choisissez-vous, comment la construisez-vous (que vous ayez le choix de ses membres ou non) ? Ce sera l'objet de la **Clé 2**.
- Définir les méthodes, le package que vous allez souhaiter déployer dans toute l'entreprise (la bombe du schéma précédent). Le corpus de votre fonction est souvent connu : votre enjeu va être de le faire percoler, de l'instiller et de l'installer partout. Nous appellerons ce corpus l'« outil-modèle » et en décrirons les caractéristiques et les modes d'élaboration à la **Clé 3**.
- Définir la stratégie de déploiement de l'outil-modèle. Vous pouvez avoir les meilleures méthodes du monde, elles n'existent que si elles sont utilisées et mises en œuvre. Nous en parlerons à la **Clé 4**.

Clé 1

Engager le « Parcours réalité »
de la fonction

« Je ne cherche pas à connaître les réponses,
je cherche à comprendre les questions »
Confucius (Ve siècle avant notre ère)

1. L'enjeu : éviter les faux pas !

Je suis indiscutable !

« Si je suis nommé à ce poste, se dit Monsieur Fonction, c'est que je sais et qu'ils ne savent pas. Donc à quoi bon m'embêter ? Le diagnostic est simple : ma fonction leur manque, sinon on ne m'aurait pas appelé. Je vais leur apporter mon savoir-faire, et forcément ils vont adhérer parce qu'ils en ont besoin. En plus, le président est vraiment derrière moi, il m'appuiera. D'ailleurs il me l'a dit : ils ne savent plus faire sans moi ! »

Eh bien… Non. Ce raisonnement paraît d'une logique imparable, mais force est de constater qu'il ne tient pas. Nous avons tous vécu des cas où le nouveau responsable de la fonction a commencé par fâcher tout son monde et fini plus ou moins rapidement dehors, parfois même en faisant disparaître avec lui la fonction de l'organigramme, alors que quelques semaines plus tôt, le président l'avait lui-même qualifiée de « *vitale* ». Voici un petit florilège de situations caricaturales et pourtant bien réelles.

Premier risque : arriver en terrain conquis

Monsieur Achats a bien grandi chez VTT, un équipementier automobile majeur. Il y est entré comme acheteur, puis il a gravi tous les échelons de la hiérarchie en un temps record. Il voulait accéder au comité de direction achats du groupe tout entier : mais on le trouve trop jeune. Dépité, il quitte VTT et, auréolé de la technicité qu'il y a acquise, il prend la direction des achats d'un autre groupe industriel. Là, il n'a qu'un mot à la bouche : VTT. « *Tu aurais été chez VTT, tu aurais vite compris* », « *Chez VTT ça ne se serait pas passé comme ça* », « *Ici c'est l'école du rire, à côté de VTT* ». Certes, VTT l'a formé mieux que quiconque. Mais deux ans plus tard, Monsieur Achats n'a convaincu personne et il a dû chercher un autre employeur.

Vous ne pouvez pas prendre un poste en disant « *Vous allez voir ce que vous allez voir* ». Vos expériences passées constituent votre richesse, la raison sans doute pour laquelle on vous a recruté. Mais ici n'est pas là-bas. Vous ne devez pas – le moins souvent possible – en faire état, au risque d'être très vite rejeté, avec un laconique « *Si c'était tellement bien là-bas, pourquoi n'y es-tu pas resté ?* »...

Deuxième risque : se prendre les pieds dans les dessins du tapis

Madame RH est arrivée en grande professionnelle de son métier, géré jusque-là par le président lui-même. L'entreprise a crû rapidement et veut désormais mieux capitaliser sur les talents. Pour commencer, elle propose au président une analyse des profils de l'équipe de direction. Recours à un consultant extérieur, questionnaires, dépouillement, restitution. Chacun découvre le modèle de son profil. Le président partage sa catégorie avec... la seule femme de l'équipe. Éclat de rire général, président pas content. Madame RH a tenu quelques mois, puis les ressources humaines ont disparu de l'organigramme.

Une technique, aussi intelligente et éprouvée soit-elle, ne porte ses fruits que sur le terrain de l'entreprise. Une fonction peut apporter beaucoup, elle peut aussi détruire énormément. L'orgueil humain multiplié par le nombre de chefs aidant, l'entreprise peut être durablement privée d'un professionnalisme, d'une structure, de méthodes vitales pour son développement.

Troisième risque : vouloir avoir raison contre la terre entière

« Mais ils sont fous ! Ils n'y connaissent rien ! Il ne faut surtout pas faire comme ça ! Quand le directeur général saura ça… » Monsieur Méthodes vient de l'automobile, où il a développé le fonctionnement en projet. Un gros calibre (au sens propre), chargé de mettre en place des méthodes similaires dans une entreprise de télécoms. Il vitupère dans les couloirs, dénonce en réunions, assène ses vérités de tout son poids. Après un mois on ne l'invite plus aux réunions, évidemment on le cache au directeur général qui ne saura jamais ça, et on le fuit quand on le croise. Les dizaines de milliers de collaborateurs du groupe ne sont pas près d'être convertis au fonctionnement en projet…

L'enjeu d'une fonction est double :

– Bien sûr, il s'agit de développer des méthodes. Tout le monde le sait et on oublie rarement cette première dimension.

– Mais il s'agit aussi de mettre ces méthodes en place, de la manière la plus adaptée et utile possible, dans l'ensemble de l'entreprise.

Encore une occasion pour évoquer une autre tentation risquée : réorganiser.

Quatrième risque : vouloir tout réorganiser

Nous sommes dans une entreprise industrielle comme beaucoup d'autres, fabriquant des produits de grandes séries dans des usines aux quatre coins de la planète. À son arrivée, Monsieur Logistique trouve des ressources dans toutes les unités opérationnelles. Les logisticiens leur sont hiérarchiquement rattachés. Pour marquer son territoire, il commence par définir une nouvelle organisation de sa filière, qu'il fait valider par le comité de direction. Six mois passent, puis un an. La logistique du groupe ne s'est pas améliorée, la nouvelle organisation n'est toujours pas digérée. « *C'était pourtant clair !* », murmure Monsieur Logistique…

La tentation de réorganiser est fréquente. Les échecs le sont également, malheureusement. Une réorganisation de filière prend énormément de temps. D'autant que si elle peut faire sens au siège, sur le papier, la réalité du terrain en complique souvent la compréhension et la mise en œuvre. En Inde, en Chine, aux États-Unis, loin du siège, on aura du mal à comprendre : en attendant d'autres changements, on continuera le plus souvent à fonctionner comme avant. Même si la réorganisation était claire sur le papier et porteuse d'intentions louables.

Les vérités sont une chose, la réalité en est une autre. Les vérités peuvent attendre. La réalité s'impose. Voilà pourquoi nous avons baptisé ce tour de piste initial le « Parcours réalité ». Voilà pourquoi il est essentiel ! Même s'« *ils sont nuls* » (sur ma fonction), même s'« *il y a tout à faire* ». Le « Parcours réalité » va vous éviter de transformer le terrain conquis en terrain miné, de vous lancer dans des contresens hasardeux et de rentrer dans le premier mur venu.

Le responsable d'une fonction est seul et l'accepte généralement ; en revanche, il découvre vite qu'il a un monde gigantesque à conquérir, des jungles à apprivoiser, des déserts à faire fleurir, des forêts vierges à civiliser, des océans à maîtriser, des tribus solidement armées, mais plutôt sauvages, à convertir. Noble ambition ! Mais besoin d'un minimum de bagages…

2. Le principe : un lien direct avec la réalité et ceux qui l'animent

Toute fonction passe par « les autres » pour exister et réussir. L'éthique et la déontologie doivent s'imposer à chaque collaborateur ; la qualité suppose des évolutions de comportements individuels vers l'écoute et le service au client ; les achats réussissent d'autant mieux qu'ils passent par des travaux communs entre prescripteurs et acheteurs ; l'innovation, par des constructions communes entre recherche, développement et marketing.

Ordonner ? Mais comment ?

Monsieur Sécurité arrive dans l'entreprise de nettoyage avec des objectifs précis : réduire le nombre catastrophique d'accidents du travail : dix-sept collaborateurs de l'entreprise ont perdu la vie pendant l'année. « *J'ai tout essayé, soupire-t-il. Dans l'industrie, il nous avait fallu des années pour obliger les collaborateurs à tenir la rampe de tout escalier et à porter casque et lunettes. Mais ici ils n'en font qu'à leur tête. Et je ne peux pas leur courir après...* »

À chaque fois, des personnes nombreuses à convaincre et entraîner, dans des hiérarchies différentes (qui peuvent se détester entre elles ; et qu'y pouvez-vous ?), à des niveaux parfois très divers... pour le bien de l'entreprise, de ses clients, de ses actionnaires, de la collectivité locale où elle œuvre, etc.

Or vous n'avez guère que deux types de points d'appui naturels, en tant que responsable d'une fonction :
- La parole du directeur général : mais s'il veut quelque chose, c'est à lui de le dire, pas à vous. L'expérience montre qu'il affirme rarement son exigence à ses « barons » de la même manière qu'à vous.
- Les faits, à condition de les mettre en scène. Quels sont les enjeux réels de la fonction ? Que perd l'entreprise à ne pas faire, que peut-elle gagner si elle fait bien ? Les problèmes, les gâchis, les occasions ratées, les critiques (surtout lorsqu'elles viennent de l'extérieur – analystes financiers, clients, société civile, etc.), constituent des points d'appui pour toute fonction qui peut y apporter une réponse. Pour l'entreprise tout entière, mais surtout pour chacun des « barons ». S'ils savent faire le lien entre les bénéfices potentiels de votre fonction et leurs problèmes (y compris leur compte de résultats !), ils seront plus attentifs.

Le « Parcours réalité » initial vise ainsi à « prendre la température du bain » pour éviter les faux pas. Vont en sortir :

- Une première évaluation des forces vives sur lesquelles vous allez pouvoir vous appuyer dans les structures locales.
- Une cartographie du terrain sur lequel vous allez opérer. Quelles parties prenantes de l'entreprise la fonction impacte-t-elle : ses collaborateurs, ses clients, ses actionnaires, la société civile ? Si oui, comment ? Quelles sont les forces en présence ? Qui sont les alliés ? Où sont les freins ?
- Un repérage de ce qui pourrait constituer un socle fédérateur, un indiscutable et une première approche du possible.
- L'identification des initiatives déjà prises par les uns et les autres, ici ou là… Initiatives sur lesquelles vous allez pouvoir capitaliser !
- Une première idée de votre posture, de l'état d'esprit à mettre en œuvre pour que votre projet soit une réussite.

Vous allez donc commencer par sentir le terrain, la culture, parce qu'il s'agit de la comprendre et de l'apprivoiser assez, pour pouvoir l'enrichir. Appuyez-vous sur ceux qui savent, faites-leur raconter leurs succès et surtout leurs échecs, pour comprendre cette culture, la palper, vous en imprégner.

Le « Parcours réalité » est beaucoup plus qu'un simple diagnostic, comme l'indique le schéma suivant :

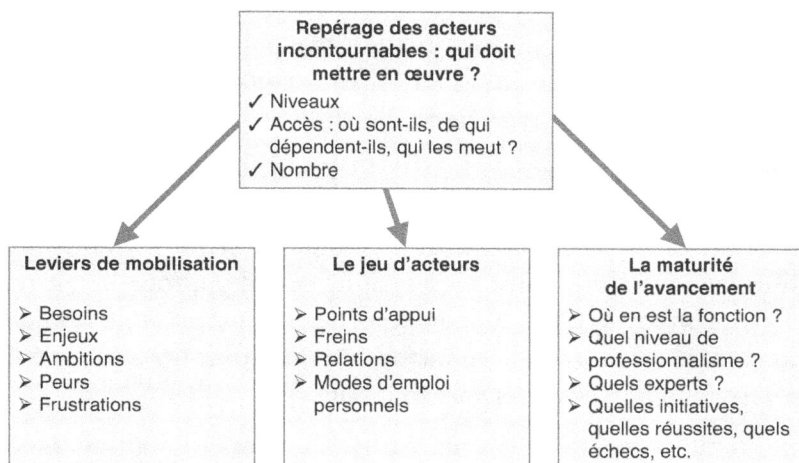

Le Parcours réalité du responsable fonctionnel.

Vous allez profiter de vos « cent jours » pour repérer les acteurs en situation, leurs pratiques, leurs enjeux, leurs besoins, bref tout ce qui pourra démultiplier votre propre énergie.

2.1. Quels sont les acteurs incontournables ?

L'expérience montre que la bonne compréhension des acteurs constitue le point primordial, le nœud de la réussite ou de l'échec. C'est pourquoi, peut-être contre toute attente, nous plaçons ce paragraphe avant même l'identification de l'avancement et des enjeux liés à la fonction. Les plus hautes stratégies et les meilleurs plans d'action sont d'abord des œuvres humaines.

2.1.1. En interne

Chargé de mettre en place une fonction, responsable de professionnaliser l'ensemble de l'entreprise sur cette fonction, vous ne pourrez réussir dans l'entreprise sans ses collaborateurs et son encadrement. Lapalissade ! Et pourtant…

Cartographier le terrain, c'est aussi identifier les alliés, les promoteurs, ceux qui veulent… et jusqu'où ils le veulent vraiment. Le directeur général est-il prêt à ordonner ? Donc à sanctionner ? Jusqu'où ? Et les directeurs d'unités opérationnelles ?

Certains seront de fervents adeptes. D'autres, de farouches opposants. Certains seront… les deux, selon les circonstances. L'entreprise est rarement exempte de mercenaires plus ou moins pétochards, qui pénaliseront forcément votre progression. Puis il y a tous les autres. En effet, n'importe quel collaborateur peut également avoir des convictions sur votre sujet – et surtout des avis plus ou moins venimeux, eux aussi potentiellement pénalisants.

Rien ne remplacera jamais les rencontres directes et les visites sur le terrain, dans les usines, dans les agences, dans les services centraux. Qui va mettre en œuvre ? Qui sont ceux par qui ma fonction passe obligatoirement ? À quel niveau œuvrent-ils ? Quelles sont leurs priorités ? Qu'en pensent-ils ?

Il n'est pas toujours facile d'y accéder. Vous trouverez peut-être en travers de votre chemin un directeur d'unité opérationnelle, un « baron » qui vous interdira de venir rencontrer ses troupes. Il ne vous en dira rien, bien entendu (il se mettrait hors jeu !). Mais il intimidera ses propres collaborateurs, leur donnera d'autres priorités, prétextera un agenda chargé…

Pourtant vous devez rencontrer ses équipes. Respecter la hiérarchie ne signifie pas demander la permission à un chef. Les équipes sont celles de l'entreprise, pas d'un baron. Respecter la hiérarchie, c'est ne pas leur demander de faire des choses pour vous – c'est à leur hiérarchie de leur demander. Mais rien ne vous empêche de leur demander de vous expliquer…

2.1.2. Quelles parties prenantes ?

Une fonction, quelle qu'elle soit, n'« impacte » pas seulement les collaborateurs et le management de l'entreprise. Elle touche souvent aussi l'ensemble des parties prenantes de l'entreprise : ses clients, la société civile, voire ses actionnaires, etc. Quel intérêt chacune de ces parties prenantes tirera-t-elle de ma fonction ? Ou, dit autrement, comment puis-je m'appuyer sur telle ou telle partie prenante pour progresser ?

La qualité, par exemple, doit pouvoir s'appuyer sur les clients eux-mêmes, profiter de leur énergie, de leurs demandes. Ainsi, quand Raymond Lévy a pris la direction générale de Renault, fin 1986, il a commencé par dire au journal télévisé qu'il « *était obligé de porter sa voiture au garage chaque semaine* ». Tout d'un coup, il a fait entrer la voix du client (lui-même) dans toute l'entreprise.

L'éthique doit pouvoir s'appuyer sur les exigences de la société civile et sur les forums de la blogosphère. Les achats, sur l'exigence des analystes financiers. Et toutes les fonctions, sur des benchmarks d'autres entreprises reconnues.

Chaque partie prenante peut constituer un point d'appui. Or on a toujours besoin de points d'appui quand il s'agit de transformer une entreprise !

2.2. Identifier les leviers de mobilisation

Responsable hiérarchique ou fonctionnel, on commence spontanément par faire son diagnostic, comme on dit, et chercher ce qui ne va pas. Ensuite, on décidera d'actions pour corriger les dysfonctionnements. C'est simple : à chaque problème, une action pour une solution.

C'est simple, mais très réducteur : qui va réaliser l'action ? Qui va avoir envie de la mener à bien ? Et pour quoi ? Parce que vous lui aurez demandé ? Il n'est déjà pas facile pour un responsable opérationnel de parvenir à se faire obéir ; si vous êtes fonctionnel sans pouvoir hiérarchique direct, c'est évidemment encore pire.

Votre efficacité réside là, dans cette capacité que vous aurez de mettre en mouvement, d'inciter l'autre – les autres ! – à faire, à marcher avec vous, voire, comme on dit, à « rouler pour vous ».

C'est pourquoi nous avons commencé par vous suggérer de repérer les acteurs. C'est pourquoi aussi nous ne parlons pas de « diagnostic », souvent orienté vers les sujets qui fâchent – il ne permet guère de se trouver des alliés –, mais de leviers de mobilisation.

Qu'est-ce qui va donner envie et susciter l'intérêt ?

Ils n'ont pas le choix !

« Ah oui, mais ils n'ont pas le choix, c'est réglementaire !, dit Madame Éthique. *Le directeur général s'y est engagé devant les autorités !* »* Certes. Sans doute. Il n'empêche que deux ans plus tard, la mesure réglementaire n'est toujours pas en place, simplement parce que le directeur général n'a pas les moyens de sanctionner quiconque, dans les unités opérationnelles dont les dirigeants, eux, ne s'étaient engagés à rien « devant les autorités ». Si c'est réglementaire, alors Madame Éthique devra d'autant plus s'assurer que les Clés de ce livre sont bien appliquées… Aucun changement de comportement à grande échelle ne se décrétera jamais, surtout si la direction n'a pas les moyens de l'imposer.

Au fil de toutes les rencontres que vous ferez, vous repérerez évidemment les besoins affirmés. Mais s'ils sont déjà formulés, les besoins ont sans doute été dits à d'autres. Ils ne suffisent pas à mettre en mouvement. Attachez-vous à repérer aussi chez vos interlocuteurs :

- Les frustrations : qu'est ce qui les empêche de travailler mieux/ plus, qu'est-ce qui leur « bouffe la vie » ?
- Les enjeux, les ambitions personnelles : quels sont leurs intérêts personnels et particuliers ?
- Et puis les peurs (le plus difficile à identifier) : que craignent-ils ? Qu'est-ce qui les fait se recroqueviller, adopter des positions défensives et de résistance, plutôt qu'offensives et d'initiative ?

Les frustrations, les ambitions et les peurs constituent les points d'appui les plus utiles de tout changement : parce que si votre fonction peut aider, de manière visible, à diminuer les frustrations, à rassurer ou à faire progresser dans le sens des ambitions de chacun, alors les moteurs individuels se mettront beaucoup plus facilement en route. Nous en reparlerons aux **Clés 5 et 7**, quand il s'agira d'ancrer la fonction dans le quotidien de chacun des collaborateurs opérationnels.

2.3. Identifier le niveau de l'entreprise sur la fonction

Le niveau de professionnalisme de l'entreprise sur votre fonction n'est sans doute pas satisfaisant, ou vous le jugez insuffisant.

Néanmoins, on ne part jamais de zéro. Il y a toujours un héritage culturel, humain, psychologique, des *a priori*, des souvenirs rémanents qui peuvent soit favoriser, soit pénaliser votre élan. Là encore, mieux vaut les identifier dès que possible.

Où en est vraiment l'entreprise au plan de votre fonction ? Quels enjeux sont liés à son renforcement ? Que perdrait-on à ne pas aller plus loin ? En quoi, pour quelle partie prenante (interne ou externe) ? Comment mesurer l'avancement actuel, et quels résultats doit-on pouvoir atteindre ?

Vous pourrez vous fonder sur votre connaissance de la fonction et de ce qu'elle apporte dans d'autres structures, sur des critères simples et indiscutables. Par exemple, la motivation des collaborateurs ou l'attractivité de l'entreprise (pour la DRH), la satisfaction des clients (pour la qualité), la réduction des coûts pour les achats, le nombre de brevets nouveaux (pour l'innovation), etc.

Cette étape est sans doute indispensable. On l'oublie du reste rarement. En revanche, l'utilisation que l'on fait de cet état des lieux est déterminante.

Dire des vérités... Seulement si cela sert à mettre en tension

« *Mon premier tour de piste confirme bien que l'entreprise doit beaucoup progresser sur la fonction. Je n'ai pas vu de structures solides, le profes-sionnalisme est très insuffisant, les méthodes quasi inexistantes* », annonce le nouveau directeur des Méthodes.

« *Merci, nous le savons bien, sinon nous ne vous aurions pas recruté, cher ami. Vous proposez quoi ?* », rétorque le directeur général.

Là, Monsieur Méthodes perd de sa superbe et, tout en ravalant sa salive, il bredouille qu'en effet, c'est ce qu'il lui reste à construire...

Une fonction, c'est une mise en dynamique. Tout ce qui ne concourt pas à la dynamique humaine est inutile : ne tombez pas dans ce travers ; cela vous évitera de perdre de l'énergie et du temps, et d'être frustré à l'arrivée. L'état des lieux vous servira de repère, surtout pas d'argument. Pas encore... Avant de faire état de votre analyse, vous aurez toujours intérêt à construire la dynamique humaine sur laquelle vous allez vous appuyer.

2.4. Et repérer les initiatives !

N'oublier personne

Madame Éthique a rencontré dès son arrivée les différents acteurs opéra-tionnels. Les dirigeants de la branche Amérique lui ont affirmé leur motiva-tion à travailler sur le sujet – d'ailleurs ils ont déjà organisé une réunion de travail avant même son arrivée ! Madame Éthique les a donc nommés « branche pilote » de la démarche et leur a alloué des budgets pour pour-suivre. Elle n'a pas vu que la branche France avait pris le sujet cinq ans plus tôt et élaboré depuis tout un *corpus* de procédures et de formations. Dix-huit mois plus tard, la branche France s'opposera à la généralisation de la démarche Amérique.

Qui dit initiatives locales, dit aussi experts locaux qui s'investissent pour les porter. Eux peuvent vous aider et devenir rapidement les points d'appui principaux de votre fonction. Toutefois, ils peuvent aussi basculer rapidement dans une opposition déterminée si leurs efforts ne sont pas reconnus.

Le niveau de professionnalisme de l'entreprise sur une fonction est rarement nul. On n'a pas besoin d'une direction de la qualité pour s'intéresser aux clients, d'une DRH pour promouvoir les collaborateurs, d'une direction de l'innovation pour créer de nouveaux produits, ni d'une direction de l'éthique pour avoir un comportement adapté. À vous d'identifier quelles méthodes existent, qui les porte et les met à jour.

Puis, immédiatement après (nous y reviendrons à la **Clé 3**, dans la construction de l'outil-modèle), demandez-vous comment reconnaître et mettre en exergue les meilleures pratiques et ceux qui les portent.

Repérer aussi les initiatives avortées

Le responsable Méthodes du bureau d'études a tenté de mettre en place un planning global pour chaque affaire, mais il n'est jamais arrivé à l'implanter vraiment, faute de soutien de sa propre hiérarchie. Quand Monsieur Qualité arrive dans l'entreprise, il s'appuie sur les travaux déjà réalisés par Monsieur Méthodes. Il institue une revue des affaires en comité de direction. Chaque chargé d'affaires devra proposer un planning… Monsieur Méthodes est évidemment son premier allié, d'autant que Monsieur Qualité a pris le soin de valoriser son travail.

Ces initiatives avortées valent de l'or : elles existent quelque part en interne, vous pouvez analyser et comprendre les causes d'échec et capitaliser dessus. De plus, ceux qui les ont portées sont frustrés, donc ils vous soutiendront d'autant plus volontiers s'ils sentent que vous pouvez les aider à réussir.

Votre parcours va vous permettre de sentir, d'évaluer, de tester ce qui serait acceptable, possible, utile, idéal. Le futur *corpus* de votre fonction, sa méthode, son modèle résulteront d'un mélange évolutif des initiatives déjà en place, des méthodes que vous connaissez et de celles dont rêvent vos interlocuteurs…

2.5. En déduire l'ambition acceptable

Terra incognita

« *On a eu de la chance*, dit Madame Fonction en hochant la tête, *on nous a laissé les coudées franches pour développer notre démarche.* » En réalité, son équipe et elle ont pris le temps d'identifier toutes les tours d'ivoire, les bastions, les « pas touche ». Elles ont cherché les « *terrae incognitae* », les domaines où on les laisserait faire. Elles ont repéré les démarches acceptables par le plus grand nombre. Elles n'ont menacé personne de représailles – « *si ça n'est pas fait…* » –, elles n'ont jamais dit : « *Vous allez voir ce que vous allez voir !* »

La liberté se construit. Tout responsable fonctionnel devrait se poser la question suivante : « *Quel est le terrain acceptable où l'on va nous laisser les coudées franches ?* » Tant que votre « Parcours réalité » n'a pas permis d'identifier ce terrain, il n'est pas achevé.

Nous verrons à la **Clé 4** comment vous projetez de transformer l'entreprise, de « faire danser le mammouth ». Mais ici, déjà, même si vous vous demandez quel genre de danse le mammouth est prêt à accepter d'exécuter, ne lui posez jamais la question : il sortirait ses griffes !

3. La posture fonctionnelle

3.1. L'humilité réaliste

Ayez des convictions, pas des certitudes. Vous pouvez bien être le pape reconnu de votre fonction, adoptez une posture d'humilité. Non seulement vis-à-vis des unités opérationnelles, comme nous l'avons vu plus haut, mais aussi vis-à-vis de ceux qui ont œuvré dans votre fonction jusqu'ici.

Cette posture d'humilité doit vous amener, dès le départ, à jauger votre niveau de connaissance intime de l'état d'esprit du groupe, des non-dits, des usages entre le siège et les unités opérationnelles, surtout si vous venez d'une autre structure ou de l'extérieur du groupe.

Sachez dire : « *Je ne sais pas.* » Si vous faites le constat que vous avez des lacunes dans votre connaissance du groupe, n'ayez pas peur de le dire et d'agir en conséquence. Les sièges sont pleins de Messieurs-je-sais-tout rapidement décrédibilisés. Cette humilité devient si rare que cela pourra constituer un élément différenciant fort pour vous et votre équipe. Mais attention ! Pas de cosmétique ! Il ne s'agit pas de jouer à être plus humble. Sans mauvais jeu de mots, il ne s'agit pas de faire de cette posture une imposture !

Contrairement à certaines idées reçues, il ne s'agit pas non plus d'écouter une fois, puis de dire « *j'ai compris* » et d'en rester là. L'humilité réaliste prônée ici est une attitude à cultiver en permanence. Tout au long de votre démarche vous devez arpenter le terrain, aller dans les unités opérationnelles, écouter les peurs, les ambitions, les frustrations. Vous les verrez évoluer avec le temps. Elles constitueront vos plus sûres alliées, elles détermineront vos « fenêtres de tir », comme nous le verrons dans la **Clé 4**. L'écoute active et attentive du terrain constitue l'une des activités majeures de tout responsable fonctionnel tout au long de sa mission.

3.2. Je dois apparaître comme une solution, jamais comme un problème

« *Je vous demande d'appliquer telle méthode…* » ; « *Je vous demande de me remonter tels tableaux de bord* » ; « *Je vous demande de vous réunir avec vos collègues de la recherche, des études, de…* » : toutes ces demandes, que sont tentées de faire les fonctions, imposent des contraintes supplémentaires aux unités opérationnelles. Il faut appliquer, remplir, remonter des tableaux de chiffres, se réunir… alors qu'on a déjà tant à faire.

La fonction va devoir plutôt développer son autorité – sans abuser d'un pouvoir qu'elle n'a pas. Il n'y a pas trente-six manières de réussir : l'autorité se développe par la compétence réelle, mais aussi par l'écoute, l'humilité, le service (analysez quelles sont vos propres figures d'autorité : vous verrez…). Oui, vous avez tout à m'apprendre.

Non, je ne connais rien à votre entreprise, à votre direction, à votre fonctionnement ; non, je ne ferai rien sans vous, d'ailleurs c'est vous qui réussirez ou moi qui échouerai (une vérité quasi universelle, mais qu'on découvre souvent beaucoup trop tard, hélas).

C'est-à-dire qu'à partir de vos vrais enjeux, besoins, soucis opérationnels, je vais vous aider, moi fonctionnel, à atteindre vos objectifs, à résoudre vos problèmes, à progresser. En un mot, je dois être une solution, jamais un problème.

Je ne trouverai peut-être pas facilement comment ma fonction peut être en ligne avec les besoins exprimés ou latents des opérationnels, simplement parce que leurs problèmes actuels ne reflètent pas les enjeux de ma fonction. Dans ce cas je devrai sans doute en faire poser d'autres par l'intermédiaire de leur hiérarchie. Leur faire fixer des objectifs de qualité, de réduction des coûts, de management, de prise en compte des risques, d'application d'une directive éthique groupe, etc. Autrement dit, je vais devoir trouver comment faire pour que les unités opérationnelles aient précisément le problème dont je serai la solution.

C'est ce que nous construirons ensemble à la **Clé 6**. Car ce n'est pas si simple : un directeur général ne demandera pas n'importe quoi à ses unités opérationnelles, surtout s'il les tient pour « entièrement responsables » !

Clé 2

Réunir une équipe adaptée
à la transformation culturelle

1. L'enjeu : réussir une transformation culturelle

Vous pouvez être tenté de considérer que votre fonction s'impose à tous. Qu'elle est primordiale, vitale, stratégique pour l'entreprise. C'est vrai – surtout pour vous. Mais les autres directions – opérationnelles, mais aussi fonctionnelles – pensent-elles de même ? Non dans la plupart des cas : les opérationnels font vivre l'entreprise, ils conçoivent, produisent et vendent, et les autres ne vivent que par eux (ce qui est juste) ; quant aux autres fonctions, elles sont… comme vous, c'est-à-dire qu'elles sont primordiales, vitales et stratégiques. Donc il va falloir commencer par sensibiliser chacun – tous les autres ! – aux enjeux de votre fonction pour l'entreprise.

Quand bien même votre fonction serait espérée et attendue par vos homologues, vous laisserait-on faire ce que vous voudrez ? Non, jamais. Vous allez devoir convaincre du lien entre les actions que vous proposez et les attentes initiales et les enjeux de chacun.

Dans tous les cas, animer une fonction (ou, encore plus fort, la mettre en place) passe par la transformation culturelle de l'ensemble de l'entreprise, pour en professionnaliser les pratiques et les comportements. Ainsi :

— Monsieur Juridique va devoir sensibiliser aux lois et aux jurisprudences pour inciter à davantage de vigilance et au réflexe de faire appel à son équipe.

— Madame Qualité va devoir sensibiliser à la nécessité de « penser client » des gens qui ne pensent que complexité technique (pour les ingénieurs) ou nombre de ventes (pour les commerciaux).

— Monsieur Achats va pousser les prescripteurs à travailler en amont avec les acheteurs, pour les aider (ce qu'ils auront du mal à considérer comme une aide !) à remettre en cause leurs besoins.

— Madame Innovation va chercher à réunir marketing, recherche, développement, etc., pour les confronter et créer les offres gagnantes de demain.

— Monsieur Éthique va devoir sensibiliser aux risques et aux fuites liées à de mauvaises pratiques.

— Madame RH va chercher à montrer en quoi une meilleure gestion des talents, dans les équipes opérationnelles, permettra à l'entreprise de capitaliser sur les meilleurs.

— Monsieur Contrôle de Gestion va devoir expliquer en quoi les pistes de productivité et d'efficacité qu'il trouve doivent aider les opérationnels à mieux gérer leur entité.

— Madame Méthodes va devoir expliquer en quoi ses boîtes à outils vont servir les enjeux de ses interlocuteurs…

Il s'agit bien d'une transformation culturelle. Renforcer une fonction ou, pire, l'installer, implique de changer des repères, de modifier des comportements individuels. Cela peut s'avérer à peu près aussi ardu que de faire arrêter quelqu'un de fumer. C'est-à-dire que cela ne se décrète pas.

Il faut bien comprendre que les opérationnels n'ont besoin de personne pour travailler – et ils le prouvent tous les jours. Ils ont sans doute besoin de fonctions pour les aider à *mieux* travailler. Mais mieux pour quoi ? Pour servir quels intérêts ? Pour atteindre quels objectifs ?

Si vous étiez opérationnel, comment prendriez-vous ces « *il faut* », ces « *c'est obligatoire* », et autres « *on n'a pas le choix* » qui viendraient vous entraver et vous contraindre ? Souvenez-vous, si vous avez été opérationnel vous-même : comment considériez-vous ces gens du siège qui venaient vous pourrir la vie avec leurs tableaux de bord à remplir tous les quatre matins ?

Le « Parcours réalité » décrit à la Clé 1 vous aura permis de mesurer l'ampleur de la transformation culturelle attendue. Elle nécessitera de travailler avec chacune de ces trois cibles :

—   Les opérationnels sur le terrain, dont le comportement doit évoluer, même si cela ne se décrète pas.

—   Les managers, qui tiennent l'expertise métier et les objectifs – et ne changeront pas volontiers s'ils ne voient pas en quoi les nouvelles manières de procéder peuvent faciliter l'atteinte desdits objectifs ;

—   Et les dirigeants, qui doivent y trouver un intérêt également – entrepreneurial, politique en interne, de notoriété, d'image, etc. – et comprendre en même temps que le changement ne s'opérera pas d'un claquement de doigts. Le développement d'une fonction est une course de fond, même s'il faut engranger des victoires rapides.

Ben voyons !

« *Vous ne pourriez pas nous trouver un truc rapide, pas cher et qui apporterait une solution au problème du président ?* », demande un directeur d'unité opérationnelle au directeur de la qualité. Que répondre à une demande qui ressemble à s'y méprendre à « *Apportez-moi une tasse de café avec deux sucres et une solution* » ? Non, il n'y a pas de solution toute prête pour résoudre le problème (en réalité, selon la logique et avec les mots des responsables opérationnels : « *Pour satisfaire le président et qu'il ne nous embête plus.* »).

2. Une équipe construite pour réussir une transformation culturelle

2.1. Des baroudeurs stratèges

Mauvaise nouvelle : votre valeur ajoutée pour le groupe n'est pas votre expertise technique super-pointue. Ne vous en vantez pas si vous en avez une… et n'ayez pas de complexes si vous venez d'une unité opérationnelle, sans bagage technique particulier sur votre fonction !

Votre véritable valeur ajoutée va reposer sur votre capacité à constituer, mobiliser et dynamiser votre équipe et tous vos relais dans les unités opérationnelles. À faire que tous ces acteurs, avec leurs connaissances propres, leurs réserves mais aussi leur enthousiasme, se mettent en marche et aient envie d'avancer.

Les sièges sont remplis de gens qui considèrent leur intelligence individuelle comme supérieure à l'intelligence collective. Ils se nourrissent d'une sorte d'ombre de la réalité projetée sur les murs de leur propre grotte, faite du marbre du siège. Ils exercent une espèce de terrorisme intellectuel qui fige tout mouvement, tout progrès. Dans le meilleur des cas, on les traite de *barreurs*, quand *dans la soute on rame*. Dans le pire des cas, on ne veut même pas les voir.

Une entreprise, d'autant plus lorsqu'elle est grosse, est constituée de mercenaires. Or on n'entraîne pas des mercenaires par des théories. Les batailles de théories sont souvent des faux nez pour éviter de devoir changer : tant qu'on discute, on n'a pas à évoluer. Les certitudes conduisent dans le mur, les théories ne suffisent pas (et ne font bouger personne *a fortiori*) dans un environnement politique. C'est bien la raison pour laquelle il est inutile de vanter votre maîtrise de la théorie.

Le développement d'une fonction est d'abord une bataille de bandes armées et fonctionne sur des rapports de force. Vous avez besoin de vous appuyer sur des combattants-stratèges, des baroudeurs qui vont agir et porter la fonction sur le terrain. Telle doit être votre équipe : des missionnaires chargés de faire fleurir un désert plus ou moins hostile, avec des cactus un peu partout et des serpents cachés. Chacun des missionnaires doit avoir un bagage suffisant pour être lâché dans la nature et y être autonome et entreprenant.

Attention : il ne s'agit pas de convertir avec une épée à la main… Ils devront convaincre sur le fond et sur la forme. La posture individuelle est fondamentale. Votre équipe doit être humble, au service des unités opérationnelles, toujours prête à aider les collègues sur le terrain. Là encore, il faut du bon sens et une humilité réaliste.

2.2. Les caractéristiques de l'équipe

Une transformation culturelle – donc touchant aux pratiques et aux comportements humains – suppose plusieurs caractéristiques pour l'équipe qui la conduit (l'ordre suivant n'est pas hiérarchique).

2.2.1. La crédibilité

C'est l'un des critères primordiaux. Il vous faut des équipiers crédibles, connus et reconnus, voire respectés pour leurs expériences. Cependant, tous vos baroudeurs n'auront pas le même point de vue sur les sujets à traiter et les décisions à prendre. Une bonne dose de collégialité dans la prise de décision est un élément fédérateur pour votre équipe.

2.2.2. La maîtrise politique

La tactique de déploiement de votre démarche nécessite de pouvoir « sentir » les sujets politiques et trouver les bons angles d'attaque. Il vous sera précieux d'avoir au moins un collaborateur avec qui affiner ces sujets, majeurs dans les grandes organisations.

2.2.3. L'expertise technique

La compétence dans votre domaine fonctionnel, l'expertise, la connaissance de ce qui se fait chez vos concurrents nationaux et internationaux semblent évidents. Bien sûr, de tels profils vous seront indispensables ; mais attention à ne pas ressembler à un groupe d'experts enfermés dans leur technicité et malhabiles pour communiquer et transmettre leur savoir-faire. Il vous faut un expert, le « sachant », la référence technique de votre équipe, mais pas plus !

2.2.4. Le relationnel et l'humain

S'agissant d'une transformation culturelle, du déploiement de méthodes et d'outils nouveaux, ce critère est fondamental. C'est une véritable conduite du changement qu'il vous faudra opérer ou faire opérer dans les unités opérationnelles du groupe. Une posture de service, d'humilité, de disponibilité et d'appui vous fera rapidement gagner la confiance des unités opérationnelles, vos clients internes.

« On est venu vous aider »…

Voilà ce qu'annonce Monsieur Fonction au directeur général de l'unité opérationnelle. « C'est bien la première fois qu'une équipe du siège nous parle ainsi, sourit le directeur général. Vous avez de la chance : la semaine dernière, j'ai raccompagné vos collègues d'une autre fonction. Ils étaient venus me donner des leçons ; et vu comme le siège est peu exemplaire sur leur sujet, je leur ai suggéré d'aller redresser la barre chez eux au plus vite, sans perdre de temps ici ! » Il en rit encore…

Si vous recrutez des donneurs de leçons, vous aurez du mal…

2.2.5. La capacité à innover

Votre domaine fonctionnel n'est pas encore reconnu. Vous devez asseoir votre crédibilité en tant que fonction du siège par des approches innovantes. Pour ce faire, il faut trouver ou repérer dans l'équipe des intellectuels curieux, des « boîtes à idées sur pattes » toujours avec l'idée d'après, le dispositif nouveau qui apporte sa pierre à l'édifice commun.

2.2.6. La solidarité

Vous pilotez une équipe. Or depuis toujours, chacun a toujours appris seul, passé ses examens seul, réussi ses diplômes seul, été sélectionné et promu seul... et maintenant, par un coup de baguette magique, il faut penser, agir, faire col-lec-tif ! C'est l'état d'esprit qu'il faudra évaluer et sentir chez vos équipiers ; c'est votre style de management qui devra insuffler cette différence, ce changement radical de paradigme. Là encore, votre humilité réaliste sera un atout.

3. Construire votre *dream team* et l'animer

Antoine Riboud, le père du groupe Danone, a écrit quelque chose comme « *Diriger, c'est savoir bien s'entourer* ». L'équipe est déterminante, surtout si elle doit être agent de changement. Comment s'entourer ? Comment la choisir ?

3.1. Collaborateurs hérités, collaborateurs choisis

Oui, mais... choisit-on jamais son équipe (au-delà des livres de management !) ? Peut-être trouverez-vous une équipe déjà constituée à votre arrivée, avec des membres hérités du passé. Des personnes qui sont restées peut-être parce qu'elles ne savaient pas où aller ; des personnes qu'on n'a pas su faire évoluer.

Peut-être pourrez-vous recruter quand même – en interne ou en externe ? Équipiers choisis ou équipiers hérités : comment faire, sachant qu'en général les marges de manœuvre sont faibles ?

3.1.1. Tout changer ?

Faut-il activer la guillotine, comme font certains ?

Forcer le mouvement

L'équipe qu'a trouvée Monsieur Fonction ne lui plaît pas. Il arrive avec une culture nouvelle, il lui faut des gens nouveaux. Il se sépare de l'ancienne équipe, l'entreprise l'aide à « *reconstruire les bases* ». Il recrute à l'extérieur, et au bout d'un an, sa nouvelle équipe est en place. Deux ans plus tard, elle a produit des documents, des chartes, des méthodes, des outils. Mais elle n'est toujours pas intégrée dans l'entreprise.

On sait trouver des grands dirigeants, adaptables à des contextes d'entreprise différents. On sait trouver de vrais techniciens d'une fonction – des juristes distingués, des qualiticiens hors pair, des acheteurs rois, des spécialistes de l'innovation, des experts RH, etc.

Mais force est de constater qu'on sait encore mal recruter des fonctionnels, parce qu'on les réduit souvent à une expertise technique. De fait, le spécialiste de la transformation culturelle que l'on devrait rechercher se trouve aujourd'hui davantage chez les consultants externes que dans l'entreprise.

Or pour réussir une transformation culturelle, la connaissance de l'entreprise, de sa culture, de ses dirigeants, de ses collaborateurs, de ses processus s'avère déterminante.

3.1.2. Changer les has been en may be's

Vous hériterez peut-être de collaborateurs démotivés, des experts ou des *has been*. Il vous faudra savoir très vite s'ils ont gardé une crédibilité dans les unités opérationnelles, s'ils ne sont pas trop « grillés ». Vous devrez alors les mettre en situation, valoriser leur expertise, montrer aux autres membres de l'équipe en quoi ils les renforcent et leur sont complémentaires, sans prendre leur place.

Vous devrez expliquer aussi aux unités opérationnelles comment – quelle que soit l'image qu'ils peuvent avoir – ils seront repositionnés à leur service et que vous misez sur la dynamique de cette nouvelle équipe pour les revitaliser ! En quelques semaines, vous pourrez voir repousser de vieilles plantes toutes fanées.

3.1.3. Faire évoluer…

Aider la Nature

À son arrivée, Monsieur Achats a trouvé une équipe nombreuse en place. De nouvelles recrues promues ici ou là, mais surtout des anciens conservés parce que la maison s'est fait une vertu de conserver ses cadres. « *Quitte à les rendre inemployables* », pense Monsieur Achats. Il doit se séparer de la moitié de ses collaborateurs, qui ne sauront pas piloter la transformation des achats voulue pour le groupe. « *Si je les sors directement, je vais envoyer un signe négatif très fort. J'entrerai dans un management par la terreur, incompatible avec l'esprit du groupe* », se dit-il. Alors il travaille avec les RH et ses collègues pour trouver des sorties honorables à chacun de ses équipiers. Bref, pour faire ce qui aurait dû être fait depuis longtemps.

Il n'y a pas de secret…

3.2. Intégrer des gens de terrain motivés

Si vous êtes nouveau dans votre entreprise, faites venir dans votre équipe des collaborateurs plus anciens, plus expérimentés, plus proches de cette intimité qui vous fait défaut. Ils ou elles seront votre garde-fou culturel, vos empêcheurs de tomber totalement à côté de la plaque.

Allez chercher des baroudeurs de votre fonction dans les unités opérationnelles, ceux qui ont tenu bon dans les tempêtes et les grands vents qu'ils ont dû affronter, au temps où votre fonction n'était pas reconnue. Pour réussir un accompagnement culturel, il faut des collaborateurs qui baignent dans cette culture, mais sont capables de prendre du recul et de jouer avec cette culture. Ils sauront construire les argumentaires qui feront mouche. Ils sauront aussi soutenir leurs collègues des unités dans leurs propres tempêtes.

Attention aux opérationnels frustrés

Monsieur Fonction a pris les quatre meilleurs opérationnels de l'entreprise pour l'entourer. « *Cela les fera progresser dans leur dimension managériale* », pense-t-il. Rapidement, ils vivent très mal de ne plus être aux manettes et de devoir composer sans cesse avec leurs anciens collègues opérationnels. Ils sont amers, frustrés. Au bout de trois mois, ils ont passé des accords avec les patrons opérationnels : « *Je ne t'embête pas, donc tu ne viens pas me chercher.* » Et ils attendent que le temps passe. *Statu quo* et immobilisme : la mise en place de la fonction est un échec.

On peut toujours faire progresser un opérationnel en échec, mais on ne fera pas d'un frustré un bon transformateur culturel, parce que sa frustration l'empêchera même de voir son intérêt et son potentiel de progrès.

N'hésitez pas à rechercher des profils plus qualifiés que vous ! Beaucoup craignent les talents supérieurs aux leurs. C'est idiot : ils se privent de belles occasions de réussir. Un chef peut toujours profiter du talent d'un de ses collaborateurs et se valoriser en même temps qu'il le valorise. Du reste, nous le verrons plus loin, un fonctionnel ne peut réussir qu'à travers le succès des autres : autant commencer dans sa propre équipe !

En revanche, ne tombez pas dans le piège des *grosses têtes* câblées pour fonctionner dans des cabinets. Ils vous feront les meilleurs outils, les meilleures méthodes, les plus belles synthèses, mais… en général ils ont du mal à se connecter à la réalité avec l'humilité nécessaire, comme nous l'écrivions plus haut.

3.3. Partager une posture de service

Vous devez insuffler, irriguer une posture de service. Rappeler, aussi bien à votre équipe qu'aux directions opérationnelles, que vous êtes à leur service, que tout ce qui est fait doit l'être pour une mise en œuvre opérationnelle et pas de manière intellectuelle et stratosphérique au siège. Mais comme vous avez su vous entourer de baroudeurs blanchis sous le harnais, pas la peine de leur faire de longs discours. Pour vos équipiers hérités, il ne faut pas hésiter à bien leur faire comprendre cette posture et à en vérifier la bonne compréhension et mise en œuvre. Comme dit l'adage : *la confiance n'interdit pas le contrôle.*

Cette posture de service peut amener l'un ou l'autre à dépanner tel ou tel correspondant en unité opérationnelle, y compris sur des sujets un peu en bordure de votre terrain de jeu. Soyez ouvert, sachez accepter, cela tisse des liens et fait partie de l'état d'esprit à mettre en place.

Fondamental sera l'état d'esprit dont vous imprégnerez votre équipe. C'est à vous de donner le ton. Cet état d'esprit doit impérativement être commun (comme la posture de service) à tous les membres de l'équipe. La solidarité entre vous et eux, et entre eux bien sûr, doit être une règle intangible.

Il s'agit en effet de développer un esprit d'escadron de Mousquetaires ; que l'on touche à l'un et les autres arrivent. *Un pour tous, tous pour un* : on est prêt à se faire étriper pour les autres ! Ce n'est pas si fréquent, dans les grandes entreprises, où la réalité consiste plutôt à se faire poignarder dans le dos « entre amis ».

Oui, il faut de l'enthousiasme à votre équipe pour monter au front et à vous-même pour aller convaincre les directions des unités opérationnelles. Votre posture de service et votre état d'esprit communs sont le terreau favorable pour développer l'enthousiasme, qui est la vertu cardinale de toute conduite du changement et d'accompagnement d'une transformation. N'oublions pas Voltaire : « *Rien ne se fait sans un peu d'enthousiasme.* »

3.4. Donner envie

Votre rôle sera justement de donner envie :

▶ à votre équipe de vous suivre là où vous avez décidé d'aller avec elle, à votre hiérarchie, tout en tenant compte du politiquement possible ;

▶ à vos correspondants en unités opérationnelles afin qu'ils relayent à leur niveau l'impulsion que vous incarnez aux yeux du groupe.

Donner envie ! Là encore, plus facile à dire qu'à faire. C'est là que l'innovation portée par votre démarche et vos outils va prendre sa pleine dimension. Donc, pour créer un terreau favorable à l'innovation, il vous faut une équipe diversifiée. Cultivez la différence. Différence avec vous, car il ne s'agit d'avoir un groupe de clones autour de vous. Différence entre eux, car c'est de la variété des idées, des points de vue voire des oppositions, des cultures et des expériences professionnelles que naîtra votre terreau innovant.

3.5. Et réapprendre à manager

Apprendre à manager au juste niveau : votre équipe est constituée de personnalités, d'experts, de baroudeurs, tous expérimentés et outillés correctement. Vous n'avez pas besoin de les manager ! En revanche, vous aurez besoin d'animer l'équipe.

L'animation de l'équipe doit permettre de développer des convictions communes fortes. Les techniques de cohésion d'équipe peuvent être utiles. Vous pouvez aussi décider de tout faire de manière collégiale (au siège du moins : sur le terrain, chacun reste maître de sa mission). La définition des projets à engager, les objectifs à se fixer, les modes de fonctionnement pour impulser le changement, et jusqu'aux discussions sur les augmentations individuelles ou les éventuelles primes !

L'histoire rapporte que Louis XIV, fâché de voir que ses courtisans passaient leur temps à se disputer ses largesses, décida de les supprimer toutes. L'envie et le sentiment d'injustice sont des poisons dans une équipe. Pourquoi ne pas en discuter ensemble *a priori* ?

De même, les bonnes idées doivent pouvoir remonter sans entraves. Le besogneux est aussi utile que le génie ; le premier reproche au second de ne rien faire, le second reproche au premier de ne rien apporter, pourtant les deux sont utiles, surtout si vous les avez choisis complémentaires. Les réunions d'équipe sont là pour rééquilibrer les perceptions de chacun sur les valeurs ajoutées respectives.

Il y a bien longtemps, certains disaient : le management, c'est savoir dire deux mots : « bravo » et « merci ». Quand on y réfléchit bien, on se rend compte qu'on ne les entend pas beaucoup de la bouche de ses supérieurs hiérarchiques et que soi-même, on ne les emploie pas si souvent. À méditer donc…

Vous, responsable de la fonction, avez réussi votre première tâche quand… elle se fait sans vous. Vous pouvez alors vous consacrer à votre réelle mission, que personne ne peut faire pour vous : celle d'ouvrir les portes et de faire passer les réformes nécessaires de l'organisation et du pilotage (voir la **Clé 6**) avec toute la rondeur nécessaire.

Le but est que vos correspondants dans les unités opérationnelles et vos propres équipiers puissent avancer sans vous.

Nous verrons également à la **Clé 7** un moyen d'institutionnaliser la dynamique de votre fonction, qui vous aidera à vous positionner en ouvreur de portes et de projets nouveaux, plutôt qu'en gestionnaire d'actions récurrentes.

Clé 3

Créer l'outil-modèle de la fonction

« Donnez-moi un point fixe et un levier et je soulèverai la Terre »
Archimède (IIIe siècle avant notre ère)

1. L'enjeu : trouver la potion magique

Vous avez cartographié votre terrain d'action. Vous avez fait un large tour des unités opérationnelles, dans une posture d'humilité réaliste. Vous avez commencé à tisser des liens avec tous ceux de leurs collaborateurs qui s'occupent (de près ou de loin) de votre fonction. Vous avez identifié vos alliés, repéré les tensions potentielles. Vous avez pu vous faire une première idée de l'acceptable, du possible, de l'idéal pour les collaborateurs des unités.

Vous êtes à présent prêt à construire votre outil-modèle. Il va conditionner l'efficacité de votre fonction, donc… la vôtre ! Qu'est-ce donc que cet outil-modèle ?

Votre fonction a pour mission de professionnaliser les pratiques de l'entreprise sur l'une de ses composantes, pour renforcer ses résultats : réduire les coûts à travers la fonction achats, améliorer la satisfaction client à travers la fonction qualité, gérer les talents à travers la fonction RH, piloter au plus juste à travers la fonction finances, innover davantage, moraliser les relations en interne à l'entreprise et avec ses partenaires pour les fonctions éthique et déontologie, diminuer les accidents du travail à travers la fonction sécurité, réduire les délais à travers les projets, etc.

Pour prendre une image, on pourrait dire que la fonction est là pour administrer un remède, un médicament, une potion pour guérir l'entreprise de certains de ses maux ou l'aider à renforcer ses défenses. Nous allons appeler cette potion « outil-modèle ». Outil, parce qu'il va servir au quotidien dans les unités opérationnelles. Modèle, parce qu'il va intégrer des bonnes pratiques, des manières de fonctionner : bref, des références, des guides pour l'action.

Un outil-modèle, pour passer de la fonction à l'action

Depuis des années, l'entreprise publie chaque mois une enquête de satisfaction client très détaillée. Mois après mois, les résultats sont mauvais. La satisfaction s'est même remise à baisser au dernier semestre. « *Il va falloir que ça change ! Ça ne peut plus durer, et je compte sur vous !* », dit le directeur général à Madame Qualité. Panique à bord : bien sûr, Madame Qualité sait que « ça ne va pas » ; mais elle sait surtout que la satisfaction des clients est d'abord l'affaire de ceux qui les accueillent. Qu'y peut-elle ? Ils sont des centaines de commerciaux aux objectifs revus à la hausse chaque année ! Madame Qualité a engagé plusieurs actions dans d'autres domaines, mais elle n'a aucune idée de la potion à leur administrer pour les soigner de ce mal-là… Madame Qualité manque d'un outil-modèle, des actions à mener et des bonnes pratiques pour rétablir la satisfaction de ses clients… sans écorner les ventes.

Comme pour tous les médicaments, nous allons devoir définir :

- ses principes actifs, les substances qui vont agir sur l'entreprise : un mélange de bonnes pratiques, de règles, de procédures, d'outils opérationnels ;

- son mode d'administration, le véhicule par lequel les principes actifs vont pénétrer au cœur de l'entreprise et générer les bénéfices attendus ; sa posologie : combien, quand, comment (homéopathie ou traitement de cheval ?) ; et son packaging pour donner un minimum envie de l'essayer.

Ces deux dimensions doivent être (comme pour tout médicament) cohérentes entre elles. Par commodité et pour rendre l'ensemble plus lisible, nous avons séparé les deux dimensions. Les principes actifs sont traités dans cette **Clé 3**, leur mode d'administration dans la **Clé 4**. Toutefois, les deux doivent se construire complètement en parallèle.

À présent, comment construire cet outil-modèle ?

Toute fonction a un *corpus* de règles, de méthodes et d'outils, ses « tables de la loi ». La plupart des fonctions fournissent la matière à une littérature abondante – « Tout sur l'éthique », « Le processus achats », « La fonction qualité », « Innover », « Conduire des projets », « Piloter efficacement », « L'art de la stratégie »… Ces ouvrages s'avèrent souvent très riches sur le contenu, la technique, le « quoi » de la fonction.

Un opérationnel promu responsable de fonction commence – avec raison – par se former au contenu à travers ces ouvrages. Ensuite, il se découvre seul, un peu comme si on le lançait au milieu d'une arène pleine de taureaux cornus, avec juste une pile de manuels – et un habit de lumière, bien entendu.

« *C'est normal, il faut de l'expérience… Et tout dépend de l'entreprise* », entend-on dire… C'est juste : rien ne remplace l'expérience (dommage pour la première fois !) et nous avons dans la **Clé 1** bien insisté sur la nécessité de repérer les forces en marche dans l'entreprise. Cependant, des méthodes existent pour aller plus loin – sinon notre livre s'arrêterait ici. Des méthodes sur le comment, sur la manière d'améliorer l'efficacité, voire de déployer la fonction.

Étant donné ce *corpus* de règles et d'outils, *comment* le mettre en œuvre pour le bien de l'entreprise ? C'est justement ce que nous allons voir ici. Car le *corpus*, aussi fourni soit-il, ne percolera sans doute pas d'un coup à travers l'entreprise. Tout n'est pas forcément utile ou adapté. Et surtout, tout ne suscitera pas l'adhésion spontanée secrètement rêvée par tout responsable de fonction…

2. Des principes actifs qui font du bien... jusqu'à l'outil-modèle

Votre médicament doit être non seulement porteur de la technicité de la fonction, mais aussi politiquement acceptable. Un directeur qualité pourrait arriver en disant : « *Nous allons déployer l'EFQM* », le modèle européen de management de la qualité. Un responsable achats pourrait arriver de même avec son processus d'achat. Un directeur de l'Innovation, avec sa charte et ses méthodes de créativité ; un directeur juridique avec son arsenal législatif ; un directeur des Ressources Humaines avec son *corpus* RH ; un directeur financier, avec son système de procédures et de tableaux de bord.

Toutes ces chartes, procédures, méthodes, *corpus*, processus et les outils associés existent et ont largement fait leurs preuves aux quatre coins de la planète. Ils soignent le mal à la racine. L'idéal serait bien sûr de les consolider pour en faire votre outil-modèle, puis de les appliquer directement. La réalité politique impose malheureusement dans la plupart des cas des approches moins directes.

Descendant ou remontant ? Deux entreprises, deux fonctions, quatre outils modèles

Madame Achats n'a pas hésité un instant : son outil-modèle sera le processus achats tout entier, qu'elle veut réformer d'un coup. Elle sait que dans l'automobile, les économies par les achats génèrent souvent à elles seules la marge de l'entreprise, et que le directeur général la soutiendra. Un de ses anciens collègues, en revanche, est entré dans le BTP, où les chantiers sont totalement décisionnaires. Ce collègue n'arrivera jamais à mettre en œuvre un processus achats équivalent. Pour l'heure, après des semaines passées à comprendre les enjeux et les jeux de pouvoir, il se contente de présenter un projet de base de données pour promouvoir l'échange d'informations prix et fournisseurs, beaucoup moins intrusif. Au même moment, Monsieur Éthique arrive dans le groupe automobile. Il sent bien que son *corpus* de règles et de procédures bancaires n'a aucune chance. Il commence donc par diffuser une règle simple sur la déontologie des affaires à tout le personnel, puis il engage la construction participative d'un outil-modèle pour améliorer les pratiques opérationnelles.

> Dans l'entreprise de BTP, toujours au même moment, Madame Éthique édicte un recueil de procédures, qu'elle va déployer à travers des cycles de formation systématiques. Il faut dire que l'entreprise est régulièrement montrée du doigt pour ses pratiques peu scrupuleuses entre les chargés d'affaires et les élus locaux…

Deux cas peuvent se présenter :

— Si le directeur général a fait de votre fonction son projet phare parce que les conditions de l'entreprise le lui imposent, évidemment, vous aurez son blanc-seing pour secouer le cocotier et n'aurez pas trop de difficulté à mettre votre outil-modèle en œuvre. Tout ce que vous pouvez mettre en œuvre de manière descendante, comme les codes d'éthique dans le BTP ou le processus achat dans l'automobile, doit évidemment l'être. Administrez rapidement les principes actifs que vous savez indiscutablement et spontanément soutenus par le directeur général, et acceptés par les unités opérationnelles, en mode descendant.

— Cependant, le mode descendant suffit rarement, quoi qu'on imagine. Et si en effet votre outil-modèle n'est pas accepté, vous aurez passé beaucoup de temps et d'énergie à élaborer une œuvre sans lendemain. Pour éviter ce temps perdu (et les frustrations associées), vous allez partir de vos clients internes, de ceux qui devront mettre en place et faire vivre l'outil-modèle sur le terrain. Vous allez le construire de manière remontante (à partir de ceux qui font et de leur existant), plutôt que descendante (à partir de standards universels), dans le double but de cibler exactement les vraies pathologies et de favoriser l'acceptabilité de l'outil-modèle par le plus grand nombre. Le meilleur outil-modèle est celui qui recueille l'adhésion la plus forte. Cela évite au moins les retours peu encourageants, du genre : « *Tiens, encore un truc qui nous tombe du siège !* » Ne nous leurrons pas, l'outil-modèle apparaîtra invariablement comme un « truc » du siège. Mais il sera d'autant mieux accepté qu'il parlera aux unités et que leurs patrons y reconnaîtront une voie pour résoudre leurs problèmes.

Cela signifie aussi que l'outil-modèle est multiforme : à une fonction donnée peuvent correspondre plusieurs outils modèles. L'essentiel est qu'il soit efficace et soigne de manière reconnue et visible.

2.1. Faire du bien d'abord : donner avant de demander

Un outil-modèle standard, aussi complet et puissant soit-il, ne mobilise guère, simplement parce qu'il ne résout pas le problème de Monsieur Tout-le-Monde et de son directeur d'unité opérationnelle. Peu importe que vingt-cinq livres en confirment le bien-fondé : les opérationnels veulent du sur-mesure, le remède qui va vraiment les sortir de leur ornière et les faire progresser. S'il n'apporte rien aux sujets concrets du moment, il sera rejeté, et la fonction avec lui. Le premier principe actif à trouver est celui qui limite les souffrances et facilite la vie. Votre outil-modèle doit apparaître comme le bon médicament, celui qui soigne le problème de l'unité et de ses collaborateurs.

Si vous et votre équipe êtes réellement dans une posture d'humilité réaliste, de service et d'apport de solution, alors vous allez commencer par aider les unités dans la résolution de leurs problèmes – de ceux qui relèvent de votre fonction, bien entendu.

Faciliter la vie des autres

Quand elle est arrivée dans la banque, Madame Qualité aurait tellement voulu déployer la roue de Deming[1], le premier outil de sa fonction : comprendre le problème, planifier ses actions, les mettre en œuvre, mesurer les résultats, corriger le tir si nécessaire, et recommencer... C'est tellement simple, universel, porteur de progrès. Mais sur le terrain, elle découvre un problème endémique : les conseillers commerciaux perdent du temps tous les jours à chercher les bons contrats types pour leurs clients ; leurs armoires sont mal rangées et débordent de documents

---

1. La roue de Deming, aussi appelée PDCA (*Plan, Do, Check, Act*) représente les quatre étapes d'une démarche de progrès.

obsolètes… Alors elle remise la célèbre Roue et elle lance un projet de rangement normalisé pour les milliers d'armoires de la banque. En trois mois, les armoires sont rangées partout et approvisionnées. Les conseillers sont ravis – ils ne perdent plus la face quand les clients attendent, et ils gagnent du temps. Les patrons le sont aussi : sur l'ensemble du réseau, ils économisent des centaines d'heures chaque jour. Elle a assuré la crédibilité de sa fonction : la qualité facilite la vie !

La dialectique entre roue de Deming et projet de rangement des armoires illustre bien la tension, quasi-systématique pour toute fonction, entre le désir d'appliquer une méthode, un système, un outil, et la réalité du terrain opérationnel. La fonction gagnera toujours à résoudre les problèmes du terrain avant d'exposer, d'imposer… disons, de mettre en œuvre ce qu'elle tient pour une méthode « miracle ».

La fonction doit être à l'entreprise ce que l'huile est au moteur : on peut s'en passer, mais… pas longtemps !

Tous les arguments militeraient pour une mise en œuvre de l'outil par le haut : la raison, bien sûr (« *ça marche partout* », « *tout le monde le fait* »), la pression du temps, l'impérieuse nécessité d'arrêter les dérives au plus vite… Mais les faits sont têtus. La réalité s'imposera de toute façon. Même les « *Il faut le faire parce que c'est la loi* », « *parce que le président le demande* », « *parce que ça va beaucoup vous aider* » ne pèsent pas lourd face à des barons responsables de leur compte de résultats.

Le cas rapporté dans l'encadré précédent illustre un principe d'action fondamental pour toute fonction : la nécessité d'équilibrer le soutien qu'elle apporte, avec l'exigence de professionnalisation qu'elle va affirmer et incarner. Même si – ne soyons pas dupes – une fonction n'est pas là non plus pour laver les vitres des unités opérationnelles, sous prétexte qu'elles sont sales et que cela leur rendrait (sûrement) service !

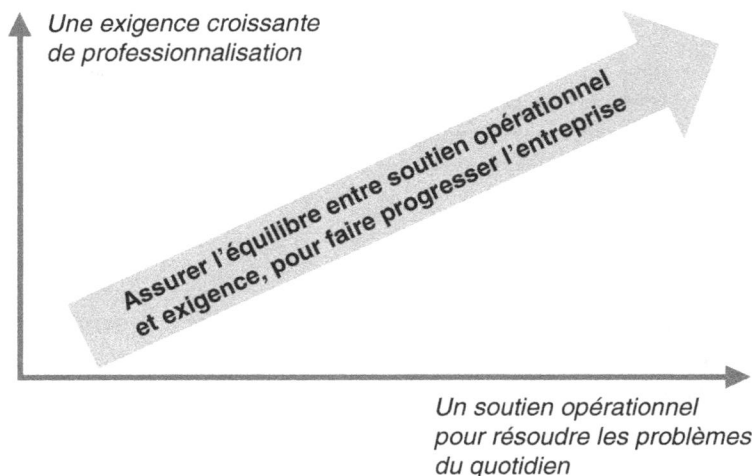

*Une exigence croissante
de professionnalisation*

*Assurer l'équilibre entre soutien opérationnel
et exigence, pour faire progresser l'entreprise*

*Un soutien opérationnel
pour résoudre les problèmes
du quotidien*

© Executive Portance

Deux axes de travail à équilibrer en permanence.

La fonction doit bien entendu avancer aussi vite qu'elle le peut dans le déploiement du professionnalisme qu'elle porte.

Cette vitesse est figurée par la pente de la flèche du schéma ci-dessus. Vous en êtes maître. En fait, et pour reprendre ce qui précède, cette pente est proportionnelle au soutien effectif que vous prodigue votre directeur général vis-à-vis des unités opérationnelles.

Les Clés suivantes du livre viseront précisément, pour poursuivre l'analogie, à accroître cette pente, donc la vitesse de percolation de la fonction, quel que soit le soutien initial dont elle bénéficie dans l'entreprise.

2.2. Aller progressivement vers un outil-modèle

Nous pourrions nous dire à ce stade que la fonction va aider les unités opérationnelles à progresser à travers des actions ciblées, certes, et bien des directions fonctionnelles agissent ainsi. Il serait sans doute dommage d'en rester là. Les directions fonctionnelles peuvent aller beaucoup plus loin et construire un outil-modèle.

© Groupe Eyrolles

Soutenir avec les moyens du bord…

Monsieur Juridique n'a pas d'équipe. Il a vite compris ce qu'on attendait de lui, chez cet équipementier automobile qui l'a recruté : pas de grands discours, pas de vociférations à chaque fois qu'une initiative critiquable est prise – il n'a de toute façon pas les moyens de savoir tout ce qui se fait, et il sait par expérience que toute initiative est juridiquement critiquable. Donc il agit en soutien : soutien à la rédaction des contrats avec les clients et avec les fournisseurs et aide à la résolution des problèmes quand un client ou un fournisseur invoque une action en justice. Il est déjà, grâce à sa posture, l'un des directeurs fonctionnels les plus appréciés de l'entreprise.

Toutefois, cela n'est pas toujours suffisant, ni réellement satisfaisant : parce qu'à résoudre les problèmes on ne touche que ceux qui les vivent, donc une population limitée, sans faire progresser le niveau global du professionnalisme. Dit autrement, on soigne des symptômes – tant mieux –, mais le mal persiste. Vous êtes une ressource trop rare pour être vous-même le principe actif !

… Et engager des progrès de fond

Monsieur Juridique s'est rapidement lassé de ce soutien opérationnel exclusif, pour lequel il est certes payé. Cependant, les mêmes erreurs reviennent régulièrement, les collaborateurs ne sont pas avertis des risques qu'ils font courir à l'entreprise. Alors il monte une formation pour tous les collaborateurs. Il la construit comme il conduit son action : d'abord une sensibilisation par le récit des problèmes les plus récurrents, puis une description des bonnes pratiques mises en place par les unités (on trouve toujours dans les séances un collaborateur d'une unité qui peut témoigner), et enfin un travail commun sur une charte de bonnes pratiques. D'une session à l'autre, les règles élaborées diffèrent peu : il publie la charte – que tout le monde connaît et a déjà mise en œuvre, puisque chacun y a contribué. Sa formation est l'une des plus appréciées de l'entreprise ! Du juridique pour des professionnels de l'équipement automobile, ça n'était pas gagné !

Peu à peu, en fonction des réalités des unités opérationnelles, vous allez repérer des problèmes récurrents d'une entité à l'autre, et qui pourraient être traités de manière similaire, voire commune.

Vous verrez que certaines unités opérationnelles auront mis en place, face à certains problèmes, des bonnes pratiques. Vous allez pouvoir les formaliser (bien entendu avec ceux qui les ont inventées et mises en place, comme nous le verrons un peu plus bas, puis à la **Clé 5**), les diffuser, les officialiser.

Quant aux problèmes qui dépassent les unités, vous allez pouvoir organiser leur traitement au niveau de l'entreprise, pour éviter que chaque unité ne dépense son énergie à le faire de son côté et en ordre dispersé. Vous fédérerez les unités facilement : tant qu'il s'agit de leurs problèmes, elles sont preneuses !

Ouvrir les portes au niveau supérieur

Monsieur Marketing a vite compris le problème : entre les unités qui doivent vendre les nouveaux produits et les unités qui les conçoivent et les fabriquent, le courant ne passe pas. Les produits ne sont pas vraiment adaptés au marché, les commerciaux ont du mal à en comprendre les subtilités, les logiciels sont complexes... Chaque unité de vente exprime ses doléances en direct, mais les unités de conception et de fabrication ont beaucoup de demandes et bien d'autres priorités. Alors Monsieur Marketing met en place un organe de traitement des dysfonctionnements. Les unités de vente et les unités de conception/fabrication peuvent enfin travailler ensemble pour améliorer la situation. Les directeurs sont ravis, le directeur général, qui n'était pas très chaud au début, vient lui-même présider ce nouveau comité !

Ainsi, progressivement, à travers le processus remontant décrit ici et figuré ci-dessous, vous vous construisez un outil-modèle. Vous en avez les principaux ingrédients : des bonnes pratiques opérationnelles et documentées, des actions de facilitation pour résoudre des problèmes réels, des modes de fonctionnement et d'organisation pour progresser, des règles, des procédures, des outils, etc. Nous allons voir à présent comment compléter ces ingrédients et enrichir votre outil-modèle à mesure de leur mise en œuvre.

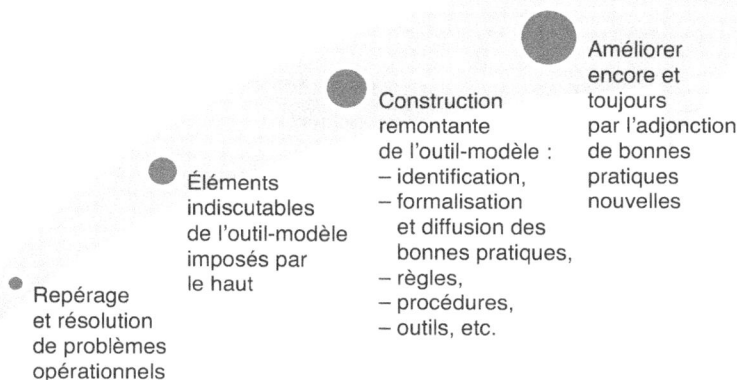

Améliorer encore et toujours par l'adjonction de bonnes pratiques nouvelles

Construction remontante de l'outil-modèle :
– identification,
– formalisation et diffusion des bonnes pratiques,
– règles,
– procédures,
– outils, etc.

Éléments indiscutables de l'outil-modèle imposés par le haut

Repérage et résolution de problèmes opérationnels

Construire l'outil-modèle en remontant du terrain.

3. Développer votre outil-modèle… *leur* outil-modèle

Pensez toujours à ceux qui vont utiliser votre outil-modèle, donnez-leur envie de le faire, comme nous le verrons à la **Clé 5**. Mettez-vous à leur place. La posture de service de la fonction (voir la **Clé 1**) doit demeurer le fil rouge de la construction. Cela vous amènera sans doute à définir un cadre global, le terrain et les règles du jeu, tout en laissant la liberté d'action au niveau des unités opérationnelles.

L'outil-modèle sera d'autant plus celui des unités opérationnelles, qu'il capitalisera sur leurs bonnes pratiques et que vous l'aurez construit et testé avec elles. C'est ce que nous allons voir à présent.

3.1. Capitaliser sur l'existant, même s'il est éparpillé, et le valoriser !

Tout au long de votre « Parcours réalité » (**Clé 1**), vous avez pu tester des idées, voir comment l'outillage traditionnel de votre fonction faisait – ou non – briller les yeux. Vous avez écouté les leaders d'opinion, et tous ceux qui avant votre arrivée constituaient les référents de votre fonction.

Vous avez repéré des pratiques dans les unités opérationnelles, des manières de faire, des dispositifs relatifs à votre fonction. Ne vous y trompez pas, ce sont des pépites !

On a trop souvent recours au célèbre « faisons table rase du passé ». En l'espèce, il est totalement contre-productif. Mettez-vous en effet une seconde à la place de vos correspondants dans les unités opérationnelles : depuis des années ils essayent, tant bien que mal, de faire bouger les lignes, de faire avancer les choses et ils mettent difficilement en place des outils, des méthodes.

Bref, ils rament, mais il y a quand même des progrès. Il y a surtout une véritable énergie. Et voilà que vous arrivez avec votre discours décoiffant, mobilisateur et plein de punch, qui leur fait comprendre rapidement qu'ils vont devoir tout arrêter et repartir sur autre chose ? Non, triple non ! L'énergie déployée jusqu'ici contre vents et marées risque de se retourner contre vous. Sachez réutiliser et valoriser !

Il va vous falloir trier le bon grain de l'ivraie et discerner très vite ce que vous voudrez garder du passé. Trouver le savant dosage entre l'héritage et le souffle nouveau que vous voulez imprimer.

3.2. Co-construire l'outil-modèle pour commencer à le faire percoler

Vous pouvez débarquer avec votre outil-modèle, comme nous le disions plus haut, ou le construire en chambre avec votre équipe rapprochée. « *Ça va plus vite* »... mais son adéquation avec votre entreprise et son appropriation en seront forcément pénalisées, et il vous faudra un appui politique d'autant plus fort.

Grâce à votre équipe et à votre bonne connaissance du terrain, vous pouvez mieux appréhender ce qui est techniquement pertinent, réalisable et acceptable. Profitez-en !

La meilleure manière consiste à faire co-construire votre outil-modèle par ceux qui vont l'utiliser. Réunissez les collaborateurs des unités opérationnelles que vous avez repérés dans votre « Parcours réalité ». Ceux qui ont quelque chose à dire, les leaders d'opinion ; ceux qui ont fait quelque chose, qui ont tenté des expériences originales pouvant concourir à atteindre l'objectif ; les bonnes volontés fraîchement nommées.

Le quasi-néophyte est aussi important que le leader ou l'expert. Chacun d'eux vous apportera son vécu, sa vision ; le tout est totalement complémentaire. L'important est que ceux qui ne sont pas conviés puissent se reconnaître parmi les participants et avoir confiance dans les résultats du groupe.

Pour avancer, être constructif et dynamique, votre groupe ne doit pas dépasser cinq ou six membres permanents, par exemple. Des membres ponctuels si besoin... il peut y avoir des susceptibilités à ménager. Le but : co-construire avec eux l'outil-modèle en particulier :

- Repérer l'ensemble des bonnes pratiques des unités opérationnelles. Plus les unités se reconnaîtront dans l'outil-modèle, plus elles verront qu'elles excellent dans l'un de ses compartiments et plus elles l'adopteront facilement, puisqu'elles auront déjà parcouru une partie du chemin.

- Construire les constituants du modèle, pour le rendre cohérent et exhaustif, compréhensible par tous.

- Définir les indicateurs pour mesurer et rendre compte à la fois des résultats et de la maturité de l'entreprise dans la fonction.

- Définir le mode de diffusion, de déploiement, de mise en œuvre ce que nous verrons à la **Clé 4**.

Attention : il peut aussi arriver que vous ne trouviez pas, au sein de l'entreprise, une bonne pratique sur un point précis d'amélioration. N'hésitez pas à aller la chercher à l'extérieur et à la transposer à votre contexte avec votre groupe de travail. Les clubs, les associations professionnelles, les benchmarks auprès d'autres entreprises et les bons livres peuvent vous y aider.

3.3. Quantifier le qualitatif

Vous devrez montrer régulièrement que les choses avancent, c'est-à-dire mesurer les progrès. Comme disait Winston Churchill, « *Que la stratégie soit belle est un fait, mais n'oubliez pas de regarder le résultat* ».

Les indicateurs traditionnels s'imposent pour mesurer les résultats. Ils permettent en outre (et c'est essentiel quand on cherche à développer une dynamique humaine) de sensibiliser l'entreprise aux enjeux de la fonction. Ainsi :

- la réduction des coûts pour la fonction achats ;
- l'amélioration de la satisfaction client pour la fonction qualité ;
- le nombre d'accidents du travail pour la fonction sécurité ;
- le pourcentage de produits nouveaux gagnants lancés sur le marché ou le nombre de brevets déposés, pour la fonction innovation ;
- le nombre de collaborateurs formés, mutés, promus pour les ressources humaines.

Cela dit, ces indicateurs ne suffisent pas toujours à installer une véritable dynamique de progrès : en quoi justifient-ils en effet la nécessité de déployer votre outil-modèle dans les unités opérationnelles ? En quoi, par exemple, un nouveau processus achats garantit-il des réductions de coûts ? En quoi l'application des chartes d'innovation assure-t-elle de nouvelles offres gagnantes ?

Ces indicateurs de résultats peuvent être complétés par une mesure de la maturité de la fonction, de son déploiement et de ses pratiques dans l'entreprise (au siège comme dans les unités opérationnelles).

Comment quantifier une maturité de déploiement, paramètre impalpable et qualitatif par nature ?

L'idée consiste à mesurer la manière dont l'outil-modèle est mis en œuvre par les équipes opérationnelles, pour les principes actifs déployés en mode descendant aussi bien que pour ceux élaborés en mode remontant. C'est à ce stade que l'on comprend que la nature même de l'outil-modèle et que la mesure de la maturité de la fonction sont intimement liées.

À titre illustratif, plusieurs possibilités existent :

– La mesure régulière de la maturité d'une fonction s'est beaucoup développée dans les domaines de l'informatique et des services liés aux technologies de l'information. On trouvera par exemple le CMMI (Capability Maturity Model Integration), fondé sur une échelle de maturité des pratiques de l'entreprise à cinq niveaux :

  ▸ d'initial, où le résultat final est imprévisible, fondé essentiellement sur l'engagement du personnel et sa bonne volonté ;

  ▸ à en optimisation, où tout est mis en œuvre pour que l'optimisation soit permanente, totalement intégrée, dans les gènes.

– La construction de « modèles d'excellence », fondés sur l'amélioration continue des pratiques. La fonction qualité, par exemple, s'est dotée de modèles quantifiés avec l'EFQM en Europe, Malcolm Baldrige en Amérique du Nord ou de Qualité Totale au Japon. L'excellence est ainsi modélisée selon un ensemble de composants, et chaque pratique de l'entreprise favorisant l'un des composants rapporte un certain nombre de points. À la fin de l'exercice, l'entreprise se trouve mesurée sur son niveau de qualité globale (selon le modèle choisi par l'entreprise). Le modèle est disponible sur Internet, il est repris à la fin du chapitre. La force de la fonction qualité a été de constituer un référentiel qui dépasse largement ses prérogatives traditionnelles, puisqu'il va de la stratégie au management. Il ne s'agit pas forcément de faire de même pour toute fonction. Cependant, chaque fonction peut certainement définir, pour son plus grand bien et celui de son entreprise, ses propres pratiques d'excellence et en mesurer l'utilisation par les unités opérationnelles.

— La définition de feuilles de route cadencées par étapes. La fonction est encore une fois modélisée en composants. Le progrès sur chacun des composants est ensuite cadencé selon quatre ou cinq étapes : le niveau 0 au plus bas ; le niveau 5, porteur de la maturité idéale des pratiques pour assurer la meilleure performance. Un exemple est donné à la fin de ce chapitre pour les achats.

L'intérêt de ces dispositifs de mesure est quadruple :

— Ils permettent de quantifier la mise en place de pratiques, donc une performance par nature qualitative. En modélisant la fonction, l'outil-modèle porte en lui-même les règles et les bonnes pratiques à appliquer : celles que vous avez repérées dans les unités, celles que vous avez construites avec elles pour améliorer les choses, celles que vous avez amenées vous-même par votre connaissance de la fonction. Muni de son dispositif de mesure, il se suffit à lui-même pour indiquer des voies de progrès et des solutions… ainsi que le niveau de maturité atteint.

— Ils portent en eux la récurrence de la photo. La mesure unique ou sporadique n'a pas de sens. Par cette récurrence et ce rendez-vous annuel systématique, ils instaurent de fait une culture de la mesure et du progrès. Année après année, on peut ainsi visualiser et vérifier la progression de l'acculturation. Nous y reviendrons à la Clé 7.

— Ils laissent la main libre aux unités opérationnelles : elles et elles seules animent la mise en place de l'outil-modèle sur leur territoire, dans l'ordre qu'elles déterminent, selon leurs priorités et leur situation. Le siège n'a pas à enjoindre à quiconque d'appliquer l'outil-modèle : vous pouvez éventuellement participer à l'évaluation, ou mieux, juste en harmoniser les résultats entre les unités opérationnelles.

— En même temps, ils permettent à chaque unité opérationnelle de se fixer ses propres objectifs, ses actions à conduire, ses progrès à accomplir, ou simplement un score de maturité à atteindre, que la prochaine mesure permettra d'évaluer. Et ainsi de suite…

Dit autrement, le médicament s'auto-administre. Une fois que la mécanique globale est validée par la direction générale, les directeurs s'emparent directement de l'outil-modèle, et vous n'avez plus qu'à les soutenir selon leurs demandes éventuelles. Vous n'avez plus à être le laboratoire pharmaceutique et à inventer la potion, vous pouvez vous contenter d'être le médecin et d'en vérifier les effets.

Nous rencontrons trois types de situations dans les entreprises que nous côtoyons :

– Des fonctions (sans doute aujourd'hui la majorité d'entre elles) qui ne jurent que par leur *corpus*, leurs chartes, leurs dogmes. Elles ont quelque chose qui s'approche d'un outil-modèle, mais il ne s'agit ni d'un outil implanté dans l'entreprise, ni d'un modèle, puisqu'on ne s'y reconnaît ni ne s'y réfère. Elles n'ont pas fait l'effort de l'ancrer dans sa réalité. Un dogme n'est pas un principe actif ; il peut troubler ou séduire, mais il n'agit ni n'incite à agir.

– Des fonctions (un tiers environ) qui ont construit un outil-modèle, mais s'arrêtent en chemin. Elles apportent un soutien, forment, accompagnent, définissent des règles, les diffusent. Mais elles ne mesurent pas sa mise en œuvre et se privent de ce fait d'une systématique de progrès. C'est dommage, parce que leur ancrage opérationnel leur confère reconnaissance et légitimité pour le faire.

– Seules quelques fonctions (cinq à dix pour cent tout au plus) sont allées au bout de l'exercice. Elles montrent l'avantage décisif de l'outil-modèle pour faire progresser l'entreprise dans la transformation culturelle voulue.

3.4. Tester l'outil-modèle sur le terrain

Votre outil-modèle est fin prêt à être déployé. Avant tout déploiement, publication, communication, annonce *urbi et orbi*… testez-le en vraie grandeur. Rencontrez le directeur opérationnel le plus fervent quant à votre fonction et proposez-lui de tester votre outil chez lui. En échange, vous pourrez aider ses équipes beaucoup plus personnellement, et il aura un temps d'avance pour démarrer son plan de progrès.

Ce test vous permettra :

— Évidemment, de « débugger » l'outil-modèle et de valider sa pertinence (l'aspect « prototype » du test).

— Mais aussi de bien sentir les incompréhensions, les freins, les difficultés inhérentes à toute mise en œuvre. Où les équipes butent-elles ? Qu'ont-elles le plus de mal à comprendre, puis à accepter ? Cela vous sera précieux au moment de la généralisation (aspect « pilote » du test).

— Enfin, et c'est primordial et pourtant si souvent oublié, de vous générer des témoins actifs au niveau opérationnel. Quand viendra le temps de l'annonce, et plutôt que de garder la parole vous-même, vous pourrez les faire témoigner. Aucune personne des fonctions centrales ne sera jamais aussi crédible, aux oreilles des opérationnels, que d'autres opérationnels.

3.5. Améliorer l'outil-modèle lui-même

Une fois mis en œuvre et déployé, l'outil-modèle va continuer à s'enrichir. Au fur et à mesure que les unités utilisent l'outil-modèle, elles l'améliorent, mettent au point des bonnes pratiques nouvelles et les diffusent, mettent en place de nouveaux dispositifs, etc. L'outil-modèle est un organisme vivant.

L'outil-modèle ainsi mis en œuvre et bouclé porte une véritable dynamique de transformation, systématique et inscrite dans la durée, pour toute l'entreprise.

Repérer les bonnes pratiques et leurs enrichissements

Comprendre, formaliser, améliorer

Mesurer et favoriser l'émulation

Accompagner la mise en œuvre

Diffuser, partager, valoriser

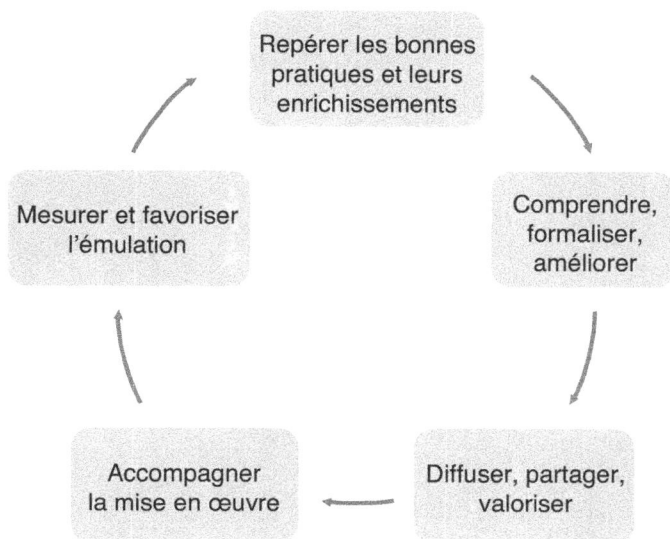

Boucler la boucle de l'amélioration continue.

Fiche technique 1
L'araignée (appelée aussi « radar »)

Exemple pour la fonction éthique :

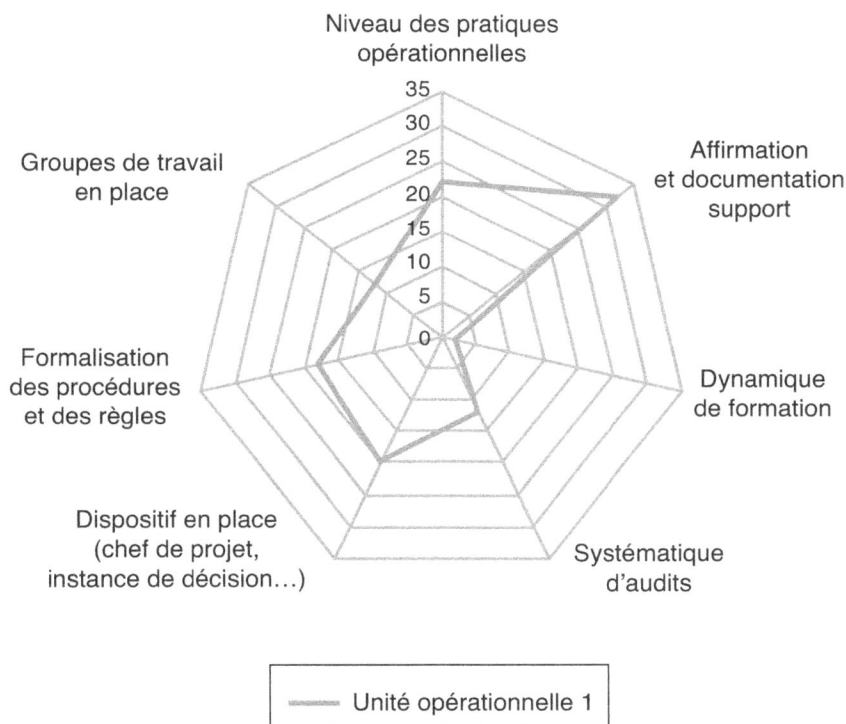

Niveau des pratiques opérationnelles

Groupes de travail en place

Affirmation et documentation support

Formalisation des procédures et des règles

Dynamique de formation

Dispositif en place (chef de projet, instance de décision…)

Systématique d'audits

——— Unité opérationnelle 1

L'araignée.

L'outil-modèle de la fonction éthique comporte sept dimensions dans l'exemple ci-dessus (chacune des sept branches de la toile d'araignée). Chaque unité opérationnelle est « cotée » sur chacune des sept branches pour en définir le profil éthique… et lui indiquer les zones de progrès à réaliser.

Fiche technique 1

Fiche technique 2
Le modèle EFQM

Les différentes catégories de facteurs d'amélioration
et leurs impacts sur les familles de résultats

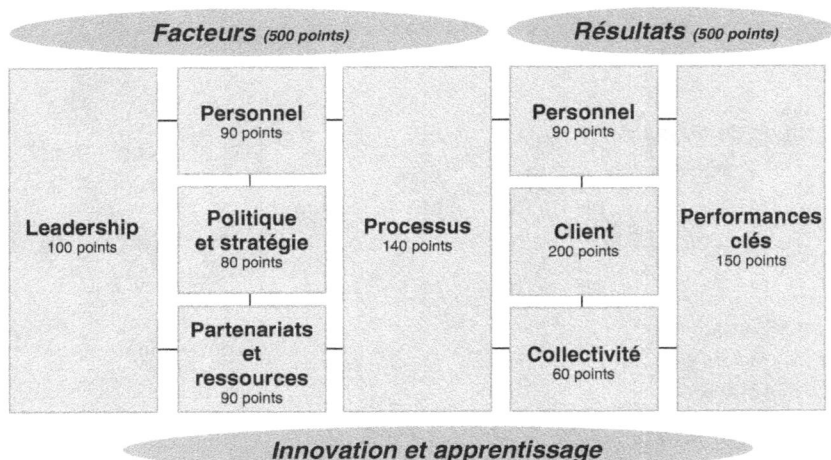

Facteurs (500 points) | *Résultats* (500 points)

	Personnel 90 points			**Personnel** 90 points	
Leadership 100 points	**Politique et stratégie** 80 points	**Processus** 140 points	**Client** 200 points	**Performances clés** 150 points
	Partenariats et ressources 90 points			**Collectivité** 60 points	

Innovation et apprentissage

Modèle EFQM ©

Un parcours vers l'Excellence.

Fiche technique 3
Feuille de Route (ou Roadmap)

Exemple : mise en place du processus achats :

Sujet / Niveau	Développement de la relation fournisseurs	Développement des méthodes	Développement des personnes
Niveau 1	Négociations conjoncturelles.	La relation est formalisée dans un contrat, le fournisseur remplit le contrat.	La communication avec le fournisseur est essentiellement commerciale et désincarnée.
Niveau 2	Des réunions fournisseurs sont organisées au coup par coup pour résoudre les problèmes.	Les performances du fournisseur sont mesurées régulièrement en commun entre acheteur et prescripteur.	Un acheteur est nommément désigné pour gérer la relation avec chaque fournisseur. Il est responsabilisé sur la qualité de la relation et sur ses bénéfices (qualité, coûts, délais).
Niveau 3	Chaque fournisseur reçoit un retour systématique sur sa performance au minimum chaque année.	L'acheteur supervise la mise en œuvre d'un plan d'actions correctrices dès que nécessaire, sur la base des retours réalisés au fournisseur.	L'acheteur gère la relation sur l'ensemble des dimensions. Il assure le point d'entrée du fournisseur auprès de l'ensemble des fonctions concernées.

Fiche technique 3

Sujet / Niveau	Développement de la relation fournisseurs	Développement des méthodes	Développement des personnes
Niveau 4	Les fournisseurs proposent régulièrement des améliorations communes favorisant la qualité, la productivité et l'innovation.	Les réunions communes avec le fournisseur s'appuient sur l'ensemble des outils et des méthodes nécessaires : résolution de problèmes (Ishikawa, Deming), baisse des coûts (analyse de la valeur, coûts objectifs, etc.).	L'acheteur ouvre les portes de l'ensemble de l'entreprise aux meilleurs fournisseurs. Il travaille avec ses collègues d'autres branches pour assurer le bon fonctionnement de la relation.
Niveau 5	Les relations avec les fournisseurs permettent un enrichissement mutuel et réciproque.	Les travaux communs avec le fournisseur s'inscrivent dans un processus d'amélioration continue sur toutes les dimensions de la relation : le service, les coûts, les délais, la qualité, l'innovation, etc.	L'acheteur organise les réunions managériales avec le fournisseur pour explorer les évolutions stratégiques et identifier des projets de développement communs.

Clé 4

La stratégie de déploiement

« La chance ne sourit qu'aux esprits bien préparés »
Louis Pasteur (1822-1895)

1. L'enjeu : administrer la potion magique

Vous avez à présent un outil-modèle techniquement porteur et politiquement acceptable, fondé sur la réalité et permettant de mesurer le progrès. Vous avez pris le temps de le tester, c'est-à-dire de le mettre à l'épreuve sur le terrain. Bref, vous avez un bon principe actif. Comment l'administrer au mieux ?

La pharmacie s'est ingéniée ces dernières années à inventer des dispositifs remarquables de diffusion des principes actifs dans le corps. Ils peuvent nous inspirer.

Choisirons-nous l'intraveineuse, qui irrigue l'ensemble de l'entreprise très rapidement en la touchant au cœur de ses processus ? Oui, sans doute, si le management sait mettre assez de vent dans les voiles pour que le patient – l'entreprise – se laisse faire. C'est le cas s'il s'agit d'une fonction financière dans l'industrie. Dans certains secteurs, des fonctions achats ou qualité, éthique ou déontologie auront plus de difficulté à faire comprendre l'urgence et la gravité de la situation pour pouvoir se prévaloir d'un tel mode.

À l'inverse, une fonction au pouvoir limité peut être tentée de jouer le « patch » : il est indolore, certes, et passera bien dans les unités opérationnelles. Mais il risque, s'il n'est pas soutenu au quotidien, de passer inaperçu et de laisser l'entreprise replonger rapidement dans ses addictions.

Ou bien un vaccin – inoculer le principe actif à dose contrôlée pour faire réagir le corps de l'entreprise. L'avantage est que très tôt dans le processus, l'entreprise tout entière se saisit du problème et y réagit avec ses propres idées, son énergie, oubliant presque la fonction qui l'a déclenché. C'est sans doute la posologie idéale si on sait comment fabriquer les vaccins. La mise en place de fonctions transverses n'a pas encore découvert les siens ! C'est un peu l'ambition de ce livre.

Faut-il opter pour des pilules à faire ingurgiter régulièrement ? La plupart des fonctions sont prêtes à en fournir, mais cela suffit rarement. Le responsable fonctionnel présente ses travaux chaque semaine ou chaque mois en comité de direction, le directeur général dit que c'est « *extrêmement important, chers collègues, je vous demande d'y apporter la plus grande attention* », et on n'entend plus rien jusqu'au comité suivant.

Certains seront tentés par le suppositoire. L'expérience montre d'ailleurs que les fonctions fantasment souvent sur un mode d'administration de ce type. Il a fait ses preuves (le principe actif diffuse rapidement dans le corps), et il prend un peu par surprise, donc laisse sans défense. Mais l'expérience montre aussi que les unités opérationnelles, comme les enfants, détestent absolument les suppositoires, et que si elles en rêvent toutes, la plupart des fonctions ne parviennent que très rarement à leurs fins de cette manière.

Bref, le mode d'administration de votre outil-modèle va déterminer à la fois son acceptation par l'entreprise et sa vitesse de percolation et de mise en œuvre. Mieux vaut l'avoir pensé et construit *a priori*.

Cela dit, on le voit, l'option n'est pas simple à choisir.

2. Définir l'intensité et la vitesse acceptables du déploiement de votre fonction

Vous êtes là pour éclairer la direction générale sur les enjeux de la fonction pour l'entreprise et lui proposer des actions possibles. Vous connaissez votre fonction et ses bienfaits, vous en maîtrisez certaines techniques, mais votre premier savoir-faire consiste à l'adapter, en intensité et en vitesse, à l'entreprise. Donc de connaître assez l'entreprise pour voir comment elle va réussir à s'accaparer ladite fonction, assez vite et assez profondément pour générer une transformation et des résultats visibles, pas trop pour ne pas tendre la dynamique au-delà du raisonnable. L'adaptation de l'intensité et de la vitesse constitue l'un des points de vigilance majeurs de tout responsable fonctionnel.

Vos équipiers, surtout s'ils ont toute une histoire dans l'entreprise, connaissent leurs anciens homologues des unités opérationnelles, leur style, leurs forces et leurs faiblesses. Mobilisez-les sur ces éléments essentiels du « comment » : avec quelle intensité ? À quelle vitesse ? Ils vous aideront à avoir une vision claire de votre force de frappe réelle. Faute de quoi, la meilleure équipe du monde avec la meilleure stratégie fera chou blanc !

2.1. L'intensité : remède de cheval ou goutte-à-goutte ?

Quand il s'agit d'installer l'esprit client (pour une fonction qualité) chez des centaines ou des milliers de collaborateurs ; de les mobiliser sur la remise en cause des besoins des projets (pour une fonction achats) ; de mettre en place de nouvelles règles de déontologie ou des pratiques éthiques ; de transformer des chercheurs en trouveurs (pour une fonction innovation) ; de professionnaliser le management ; d'implanter une véritable protection de la propriété industrielle (pour une fonction juridique) ; d'impulser de nouvelles méthodes de travail, etc., il est difficilement envisageable de transformer l'entreprise d'un coup.

Quand le mal est grand, quand les causes sont profondes, quand on sait ce qui guérirait à coup sûr le malade, on aimerait administrer un remède de cheval et en finir une bonne fois pour toutes. Cela peut être une excellente idée, mais cela peut aussi s'avérer désastreux. Tout dépend de l'appui réel du directeur général.

Le pouvoir d'arrêter

La qualité des nouveaux modèles est déplorable, surtout dans le haut de gamme. Le nouveau directeur général s'indigne et nomme un caïd à la direction qualité. Il lui reporte en direct, avec une consigne stricte : aucun nouveau modèle ne doit sortir sur le marché s'il n'est pas parfait. Monsieur Qualité devra stopper, une fois, la mise sur le marché d'un nouveau produit. Sans doute les équipes voulaient-elles tester son pouvoir réel. La fois suivante, elles auront compris.

L'intensité de votre action dépend forcément du pouvoir que l'ensemble de la structure vous reconnaît, c'est-à-dire celui que vous délègue, de manière ouverte et officielle, le directeur général. Ou, plutôt, dans les faits, ce que le directeur général sera prêt à défendre si vous usez de ce pouvoir.

Votre fonction n'aura pas toujours le pouvoir du Monsieur Qualité du cas précédent. D'ailleurs, le prédécesseur de Monsieur Qualité n'avait, lui, aucun pouvoir reconnu. C'était même la cause principale des mauvais résultats.

Mais toute fonction peut, avec un peu de patience et d'écoute fine de la réalité, en obtenir. Nous en reparlerons plus loin dans ce chapitre, quand nous évoquerons les points d'appui naturels que nous offre régulièrement la vie de l'entreprise.

Soit dit en passant, le pouvoir conféré par un directeur général est certes fondateur, mais il ne suffit pas pour transformer véritablement l'entreprise, professionnaliser les modes de travail et modifier les comportements jusqu'à instaurer de nouveaux réflexes.

Que faire du pouvoir ?

Le même Monsieur Qualité ne s'est pas contenté d'être l'« ayatollah de la qualité », comme on a commencé à l'appeler. « *Inspecteur des travaux finis, c'est bien*, s'est-il dit. *Mais je ne tiens que par la volonté du directeur général. Si je veux être légitime, je dois apporter de nouvelles méthodes et faciliter la vie des opérationnels au quotidien.* » Monsieur Qualité s'est fait inviter dans les principales revues de projet tout au long de la conception. Il a pu mettre en place plusieurs outils de qualité conception. Son pouvoir absolu s'est peu à peu transformé en autorité, sa posture de gardien du temple en recours utile et en contributeur avisé.

Le pouvoir est utile, mais il peut aussi décourager de construire d'autres manières de mobiliser et de motiver. C'est dommage : car aucun changement, aucune transformation d'ampleur ne se fera jamais contre ceux qui doivent la porter.

Jouer avec le temps

Madame Achats a été nommée sans grande conviction, un peu « *parce que ça fait bien* ». Comme Monsieur Éthique, d'ailleurs. Le directeur général a surtout besoin d'une garde rapprochée. Mais Madame Achats trouve des enjeux d'économie considérables à son arrivée. Elle comprend vite que personne ne l'attend et qu'elle sera balayée à la première initiative un peu intrusive. Alors elle avance à tout petits pas, sans rien dire. Elle institue des rituels : au premier trimestre, une comptabilisation des économies de l'année écoulée et des plus gros enjeux de l'année à venir ; au deuxième, un benchmark sur les prix pratiqués ; au troisième, quelques flashs fournisseurs ; au quatrième, un état des achats du groupe. Elle diffuse largement chaque document, qui devient rapidement un « best-seller » ; les dirigeants l'attendent, des décisions commencent à être prises : Madame Achats va pouvoir commencer à intensifier la force de la transformation.

« *Il faut laisser le temps au temps* » : certaines fonctions, dans certaines entreprises, ont intérêt à suivre l'adage bien connu, parce qu'une intensité supérieure les conduirait à l'échec. Il faut parfois prendre un peu de temps pour en gagner beaucoup, c'est-à-dire pour éviter d'en perdre énormément. Le rejet d'une fonction trop entreprenante pour être acceptable par l'entreprise peut faire perdre dix ans.

2.2. La vitesse : quel rythme ?

Comme dans toute conduite du changement, il s'agit de trouver le bon rythme, la bonne respiration : un mélange de victoires rapides et d'objectifs à moyen et long termes, d'accélération et de paliers de décompression, sans confondre vitesse et précipitation.

Un déploiement « à marche forcée », rythmé par le président

Le président a vu que plusieurs de ses unités engageaient des consultants externes pour progresser sur l'innovation, les achats, les ressources humaines, la qualité, les ventes, les méthodes de production. Il a mis en place une cellule de méthodes, chargée de capitaliser sur ces initiatives locales.

Il a fallu deux ans pour élaborer, tester et valider un corpus méthodologique pour le groupe sur ces six fonctions. Le président a appelé l'ensemble « les 6 Axes, nos valeurs cardinales ». Il a insisté pour que ses directeurs opérationnels en valident personnellement le contenu.

Dès le mois suivant, l'ensemble est publié à grande échelle dans le groupe. Une « Université 6 Axes » est mise en place pour former l'ensemble des nouvelles recrues du groupe. Une équipe d'audit est organisée. Chaque semaine, les auditeurs choisissent une unité quelque part dans le monde. Ils préviennent le vendredi soir qu'ils arrivent le lundi matin suivant.

À la fin de chaque audit, l'auditeur rédige son rapport (dans l'avion), l'envoie dès l'atterrissage au patron opérationnel qu'il vient d'auditer, avec copie au président, qui le renvoie, annoté de sa main, le soir même, au patron opérationnel, le plus souvent avec une bordée d'injures (« *Ces résultats sont indignes de votre unité* »), qui se termine invariablement par ces mots lapidaires : « *J'attends un plan d'urgence crédible pour vendredi.* »

Le génie de l'opération a consisté à regrouper l'ensemble des fonctions stratégiques de l'entreprise sous une seule bannière, d'en rassembler les outils modèles et de les rendre auditables, donc d'institutionnaliser un dispositif parfaitement bouclé. Sa force a consisté à faire considérer le *corpus* global comme une « table de la loi » et à le faire porter au plus haut niveau.

Vous pouvez toujours suggérer de constituer un tel corpus fonctionnel, qui regrouperait les ressources humaines et le management, la qualité, les achats, l'innovation, etc. – et globalement les fonctions les plus stratégiques de l'entreprise. Mais la décision ne vous appartient pas, et la plupart des entreprises, surtout de services, laissent œuvrer chaque fonction indépendamment de ses consœurs.

Le rythme de déploiement de la fonction dépend essentiellement, comme son intensité, de la volonté du directeur général… et de son pouvoir réel. Un dirigeant tout-puissant peut imposer un professionnalisme nouveau sur l'ensemble de ses filières fonctionnelles en quelques mois. Cela dit, tous les dirigeants n'ont pas un tel pouvoir, face à des « barons » parfois puissants (et qui peuvent par ailleurs briguer leur place). Dans une entreprise mutualiste où les unités opérationnelles sont les actionnaires du siège, par exemple, la volonté d'un dirigeant est forcément limitée par sa crédibilité personnelle auprès des directeurs opérationnels.

Le rythme de déploiement ne sera donc pas le même selon les situations, les rapports de force à un instant donné et les enjeux pour l'entreprise. Vous aurez sans doute à progresser pendant un moment en eaux troubles et à marée descendante, quand les pierres affleurent assez pour briser la coque, mais pas assez pour être visibles…

Un déploiement progressif et sur la durée

Monsieur Éthique a patiemment construit son outil-modèle. Il s'est appuyé pour cela sur des groupes de travail opérationnels et s'est engagé à valoriser leurs travaux au plus haut niveau. La suite paraît simple : il va boucler le dispositif en lançant une série d'audits dans toutes les unités opérationnelles du monde, va les classer et dire aux dirigeants des moins bonnes ce qu'il en pense. Un membre de son équipe l'arrête : dès le premier tour de manivelle, il va se faire une bordée d'ennemis, il risque de décrédibiliser toute la démarche. Après plusieurs séances de travail, il opte pour une dynamique beaucoup plus progressive. Il commencera par demander aux unités un autodiagnostic de leurs pratiques.

Un rythme plus progressif prendra plus de temps, mais fera peut-être gagner dix ans, là aussi, s'il évite un rejet de la fonction. Vous pourrez ainsi, par exemple, commencer par un modèle à échelle réduite, qui positionne les axes principaux, ou seulement les axes prioritaires de la fonction. Vous pourrez aussi procéder à un déploiement par étapes :

— Année 0 : publication de l'outil-modèle et autoévaluation d'appropriation réalisée par les unités elles-mêmes.

Vous commencez donc de façon *soft*, de manière peu intrusive, en demandant à chacun de vos correspondants en unité opérationnelle de réaliser une autoévaluation de la fonction dans l'unité. Bien entendu, vous aurez défini un mode d'administration de l'autoévaluation, c'est-à-dire comment elle doit être conduite, à partir de quels entretiens, de quelles séances de travail avec les autres directions, de quelles visites sur le terrain, etc. L'autoévaluation n'est pas considérée comme intrusive, puisqu'elle est réalisée au sein de chaque unité par l'un de ses membres. L'utilisation des résultats devra être cohérente. Ils fourniront un premier repérage, un état des lieux que chaque unité opérationnelle pourra considérer comme un révélateur de ses forces et de ses faiblesses dans la fonction, donc un outil pour construire ses plans de progrès. Elle permettra de rassurer chacun des directeurs opérationnels sur la pertinence de l'outil-modèle et son utilisation.

— Année 1 : diagnostic également réalisé par les unités, mais cette fois assistées par un auditeur professionnel interne ou externe, si vous tenez à afficher une neutralité totale… ou s'il n'y a pas de ressources internes pour le faire. À ce stade, vous pourrez demander des plans d'amélioration pour progresser sur le chemin tracé par la feuille de route. Vous devrez mettre en place une séquence d'harmonisation (toujours avec des correspondants d'unités), chargée de repérer les distorsions probables entre les manières de mesurer et de coter. Typiquement : la pratique est-elle complètement installée ? Ou avec une mise en œuvre décidée ? Ou simplement en projet avancé ?

— Année 2 : diagnostic réalisé par l'extérieur, premiers classements des unités en fonction des résultats, objectifs de progrès fixés pour l'année à venir.

Le passage de l'Année 0 à l'Année 1, puis à l'Année 2 est encore souvent semé d'embûches. Nous y reviendrons à la **Clé 6**, pour expliquer comment pérenniser une telle démarche et l'accrocher aux objectifs quotidiens de chaque unité. Car l'enjeu est bien de transformer le test préalable de l'Année 0, que les unités acceptent de mener parce que « *ça ne coûte rien* », en rituel.

Au bout de deux ans d'une telle démarche, si bien sûr elle réussit, la fonction est solidement implantée. Vous aurez la surprise de voir que les unités se seront suffisamment approprié l'outil-modèle et auront assez investi dans sa compréhension pour que leur progrès dans la fonction fasse partie de leurs sujets habituels.

Vous verrez même des unités faire elles-mêmes un audit interne, à blanc, pour préparer l'audit externe. La dynamique de progrès dans l'ensemble du groupe sera alors en marche et n'aura quasiment plus besoin de vous. À ce stade, vous pourrez considérer que vous avez réussi à mettre en route un groupe peut-être gigantesque avec seulement quelques personnes.

2.3. Qui fait la mesure ?

Nous avons vu que l'outil-modèle intégrait fortement et naturellement sa propre mesure. Cela nécessite également un doigté particulier : qui va mesurer ? Qui aura assez de crédibilité et de neutralité pour venir sur les terres de chaque unité opérationnelle et coter son degré de maturité, avec un parfum d'ingérence et d'intrusion, une suspicion de partialité et, à l'arrivée, une tentation de déni des résultats toujours possible ?

Qui doit faire quoi ?

Ne faut-il pas que les évaluations soient réalisées par la direction de l'audit, puisque l'entreprise en a une, et que c'est son métier ? « *Non. Elle n'a pas une bonne image. C'est votre direction qui coordonnera les évaluations* », répond le directeur général. La direction devient juge et partie, puisqu'elle coordonne à la fois la mise en place de l'outil-modèle et la mesure des performances. Or cela va lui donner une légitimité incroyable : elle va pouvoir aller partout, parler à toutes les directions en étant au-dessus de la mêlée, à un niveau et avec une légitimité renouvelés.

2.4. Prévoyez une double dynamique de victoires

D'un côté, vous savez que culturellement vous ne pouvez imposer telle ou telle pratique sans risquer un rejet des directions des unités opérationnelles pour « ingérence ». Vous savez que, s'agissant d'évolution des façons de faire, la transformation que vous visez prendra du temps.

De l'autre, il n'est pas envisageable de mener une mission fonctionnelle sans donner des gages et montrer des résultats. Cela fait partie intégrante de votre tactique. Vous devez trouver des victoires rapides (les fameux « *quick wins* » !), élaborer des paliers, des étapes dans la mise en œuvre qui paraîtront à portée de main.

Cet aspect est souvent oublié dans les plans des responsables fonctionnels ; il est pourtant fondamental pour le pouvoir d'entraînement de la fonction. La mise en place d'une fonction et son développement dans l'entreprise s'inscrivent dans une double dynamique qui peut être schématisée ainsi :

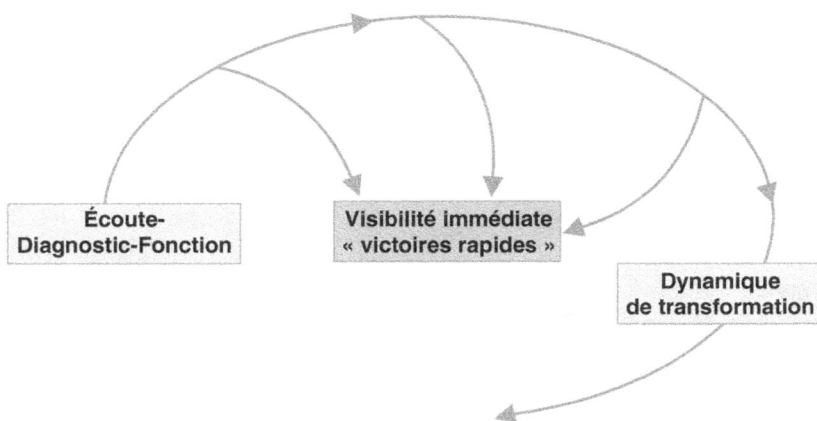

Une double dynamique de victoires rapides et d'actions de fond.

Le progrès s'opère au rythme requis par toute transformation culturelle, c'est-à-dire généralement long. Les victoires rapides et visibles redonnent à chacun du cœur à l'ouvrage et dopent la dynamique de la fonction. Elles la crédibilisent aux yeux des patrons. Bref, vous en avez besoin.

Imaginez ce double mouvement dès le démarrage et planifiez ces victoires et la manière de communiquer pour faire « boule de neige ». Le risque, si l'on garde les yeux rivés sur le long terme, est simplement de les oublier. Et le long terme a alors une fâcheuse tendance à s'éloigner à mesure qu'on avance.

2.5. Pensez au packaging et à la communication

Nous y reviendrons à la **Clé 7**, mais il est important d'y réfléchir en amont et de poser ainsi les bases des actions futures.

Tous ceux qui ont un produit à vendre connaissent l'importance de l'emballage pour donner envie. Il en est de même pour votre outil-modèle. Il doit être clair, documenté, précis, complet… Au sens de ses destinataires.

L'emballage, comme celui de tout médicament, doit afficher le sens de l'outil-modèle et affirmer le mieux-être qu'il apporte. Il doit présenter un idéal, montrer en même temps qu'il ne s'agit pas d'un rêve, mais d'une démarche accessible. Il véhicule le film dont, si possible, les patrons d'unités opérationnelles pourront se considérer les héros.

Donner envie

Monsieur Innovation a fait ses armes aux achats en généralisant à toute la gamme de véhicules une nouvelle qualité de plastique pour les pare-chocs. Le fournisseur venait de la développer à un prix prohibitif, mais il a réussi à convaincre les patrons de gamme et à générer un volume suffisant pour faire baisser les prix. Fort de cette innovation réussie, il est promu responsable de l'innovation. Il reprend les chartes et les outils développés pendant son aventure aux achats, les complète avec d'autres expériences sur d'autres produits, et les publie dans une plaquette présentant la démarche, les outils, les résultats et… ses réussites, pour montrer comment on peut réaliser des innovations majeures avec son soutien.

L'emballage inclut évidemment une documentation opérationnelle, porteuse à la fois du pour quoi (le sens), du quoi (la méthode, les outils à mettre en œuvre), et du comment (la manière de le déployer concrètement : à travers quelle démarche, quelles réunions, etc.).

Pour développer ce *package* de la manière la plus adaptée possible à ses destinataires, et définir sa documentation, sa mesure et ses modes de communication, vous pourrez le co-construire avec un petit groupe d'opérationnels, comme vous l'avez fait pour l'outil-modèle lui-même. Vous enrichirez votre œuvre et ferez d'eux des ambassadeurs de votre outil-modèle.

3. Adapter la profondeur de la transformation...

Vous savez désormais comment vous allez déployer votre outil-modèle. Vous en avez défini l'intensité et le rythme d'administration, avez prévu des victoires rapides à mettre en exergue pour alimenter la dynamique en permanence.

Vous avez donc défini une séquence d'opérations à engager, les avez peut-être même planifiées.

En même temps, il y a la « vraie vie ». L'entreprise constitue, comme toute société, le terrain de mille et un événements de toutes sortes, liés aux jeux des acteurs internes ou aux articulations avec ses clients, ses fournisseurs, ses actionnaires ou la société civile. Certains de ces événements, si vous savez les repérer et les mettre en scène, puis les exploiter, peuvent faire gonfler les voiles de votre fonction.

3.1. ... En fonction des opportunités

Le schéma suivant donne quelques exemples d'opportunités à saisir. Typiquement :
- Les souhaits, les modes, les lubies soudaines, voire les caprices du dirigeant. Il a pris telle décision, votre fonction ne peut-elle pas s'appuyer dessus, la nourrir utilement, lui donner un sens ?

– Les problèmes de tout ordre : problèmes en clientèle, comme pour le Monsieur Qualité du 2.1 ; comptes d'exploitation à redresser urgemment ; crises de toute sorte ; attaques des pratiques dans la blogosphère ; etc. Chaque problème peut être l'occasion d'une initiative, d'une affirmation, d'une priorité nouvelle. Si une composante de votre outil-modèle apparaît comme une solution au problème, ou du moins un levier pour éviter que le problème se reproduise, alors vous avez gagné.

Surfer sur la faute pour en faire une opportunité

Madame Éthique n'avait pas imaginé qu'un tel problème pouvait se produire. Elle avait verrouillé tous les processus internes, publié des chartes concises et claires, formé l'ensemble du personnel, mais elle avait oublié que la crise pouvait aussi venir des pratiques des fournisseurs. Au lieu de fuir ses responsabilités et d'accuser les achats, comme d'autres l'auraient fait (« *avec leur volonté de réduire les coûts au détriment de la qualité, cela devait arriver !… * »), elle saisit la balle au bond : non, elle n'avait pas prévu ce cas, et oui, elle va démarrer en urgence un travail spécifique sur les fournisseurs, pour ajouter un volet à l'outil-modèle existant. La crise lui permet d'engager un groupe d'expertise à l'échelle de l'entreprise.

Parmi les opportunités (souvent vécues comme des problèmes, hélas), les injonctions des partenaires sociaux peuvent aussi alimenter votre propre dynamique.

Quand les autres expriment vos propres besoins…

« *On n'a pas de perspectives : ici, c'est "no future !"* », assène l'un des élus lors d'un comité d'entreprise. Madame RH ne le sait que trop bien ! Depuis longtemps elle tente de construire une Gestion Prévisionnelle de l'Emploi et des Compétences (GPEC), mais le directeur général ne lui a jamais donné les moyens nécessaires… Elle fait préciser le diagnostic par les délégués présents, devant son directeur général ; elle questionne, elle pousse, elle tire ; le directeur général lui-même finit par écouter avec intérêt. Elle aura son expert RH supplémentaire…

Les contraintes, les objectifs, les budgets constituent également d'extraordinaires points d'appui pour une fonction.

Les objectifs constituent vos meilleurs points d'appui…

Monsieur Achats est catastrophé : il va devoir économiser 8 % des volumes achetés au cours de l'année qui vient. Il a identifié environ 4 % d'économies potentielles, on lui en demande le double. Comment va-t-il faire ? Après plusieurs nuits d'insomnie, il finit par se dire que de toute façon, il ne dépense rien lui-même, et que les économies sont donc à réaliser par les unités opérationnelles. La question n'est plus de savoir comment économiser, mais comment aider les unités à économiser. La contrainte va devenir une superbe opportunité pour pénétrer dans les unités et travailler avec chacune. Son seul challenge : faire en sorte que les unités aient bien le même objectif de réduction des coûts que lui…

Aucun directeur général ne pourra aller contre des actions incontournables pour tenir des objectifs qu'il a lui-même fixés. Les objectifs sont votre meilleur allié… à condition qu'ils soient assez ambitieux, bien sûr !

… S'ils sont ambitieux !

Madame Innovation vient d'être nommée ; c'est une création de poste. Elle reçoit sa feuille de route du directeur général : « *Imaginez autant de nouveaux produits que l'an dernier sur l'ensemble des unités du groupe : pour cette première année, je ne veux pas vous mettre trop de pression* », lui dit-il. Elle réfléchit : à quoi sa fonction va-t-elle servir, s'il s'agit juste de « *faire comme l'an dernier* », alors qu'elle n'était pas là ? Ses objectifs doivent au contraire la rendre incontournable pour les unités, c'est-à-dire les viser en premier et leur « poser » un challenge qui la mettra sur leur route !

Attention cependant : les fenêtres de tir ne durent généralement pas très longtemps. Les modes passent vite, les priorités absolues de la veille cèdent rapidement le pas à d'autres en fonction des urgences, des lubies et de l'air du temps.

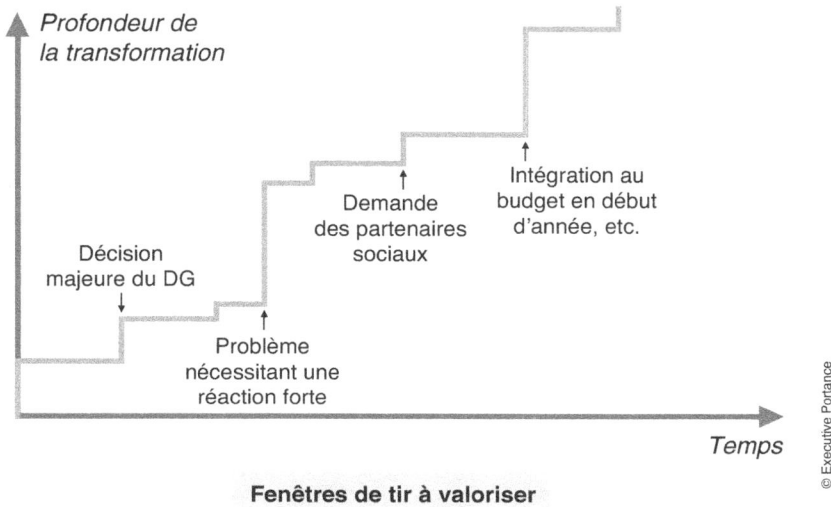

Fenêtres de tir à valoriser

Repérer les fenêtres de tir, valoriser chaque opportunité.

3.2. ... À la maturité politique

Les dirigeants sont rarement enclins à affirmer des convictions ou des exigences s'ils sentent leur corps managérial réticent. La recherche du consensus est devenue un *must* dans tous les comités de direction !

La fonction aura donc intérêt à rassurer le directeur général lors de chaque demande de décision, en l'informant de la maturité de l'entreprise vis-à-vis de ladite décision. Pour reprendre la séquence évoquée au paragraphe 2.2 ci-dessus, par exemple :

– L'outil-modèle a été discuté avec chacun des directeurs opérationnels, d'ailleurs la plupart des unités opérationnelles peuvent y retrouver l'une de leurs bonnes pratiques : le directeur général peut donc le diffuser (ou signer la note d'accompagnement) sans crainte de critiques.

– L'autoévaluation est peu intrusive, les correspondants des unités connaissent l'outil-modèle et la plupart sont prêts à jouer le jeu : le directeur général peut décider de lancer l'opération sans provoquer de discussion majeure.

– La moitié des unités opérationnelles ont bien préparé leur audit et attendent les résultats avec impatience : le directeur général peut publier les premiers résultats avec la force nécessaire.

À chaque fois, une bascule peut s'opérer au niveau politique. Ce qui était latent peut devenir visible. Les courants que l'on a insufflés peuvent se muer en mouvements de fond. Le directeur général, finalement rassuré, ne peut plus que soutenir, donc amplifier votre démarche.

Ainsi, l'entreprise s'approprie la fonction et la transformation progresse un peu plus à chaque opération.

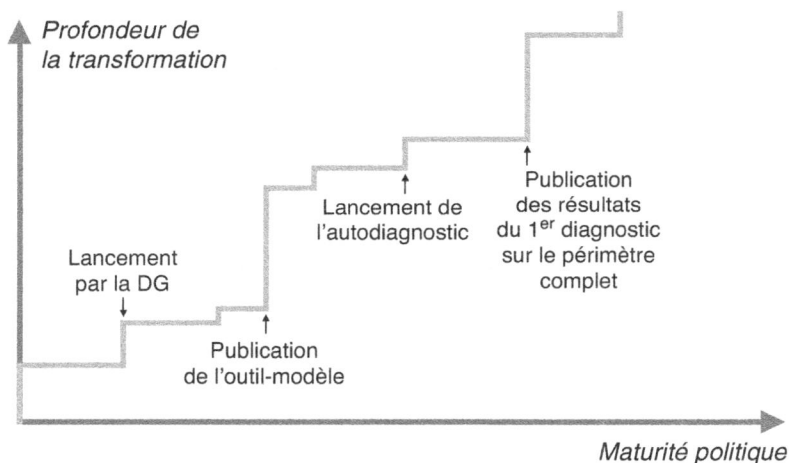

Des décisions à suggérer à la direction générale en fonction de la maturité politique

Adapter la profondeur de la transformation à la maturité politique.

3.3. Penser au pilotage d'ensemble

L'ultime élément sur lequel il est nécessaire de réfléchir à ce stade est le pilotage global. Qui va piloter ? Quel comité existant pourrait convenir ? Faut-il en créer un nouveau ?

La réponse ne sera pas la même dans le cas du Monsieur Qualité rencontré au début de ce chapitre, ou du Monsieur 6 Axes rencontré peu après, que pour Madame Achats ou Monsieur Éthique nommé en même temps qu'elle. Nous développerons ce sujet à la **Clé 6**.

Partie II

Développer le jeu d'acteurs
pour pallier le manque de pouvoir

Vous êtes résolu à être une solution, jamais un problème, vous cultivez la bonne posture. Vous avez réalisé votre diagnostic du jeu d'acteurs, vous savez qui sont vos alliés et où se situent vos points d'appui. Vous avez construit votre outil-modèle et défini votre stratégie de mise en œuvre.

Pour développer votre fonction dans le jeu complexe des relations de l'entreprise, vous allez jouer sur quatre niveaux, comme le montre le schéma suivant.

Le niveau des responsables de votre fonction dans les unités : ils existent sans doute, mais ne sont pas forcément clairement identifiés. Dans certains cas, pour les fonctions nouvelles, ils devront être désignés par les directeurs des unités opérationnelles. Dans tous les cas, vous allez devoir animer et créer avec eux un réseau solide dans l'entreprise. C'est ce que nous décrirons dans la **Clé 5**.

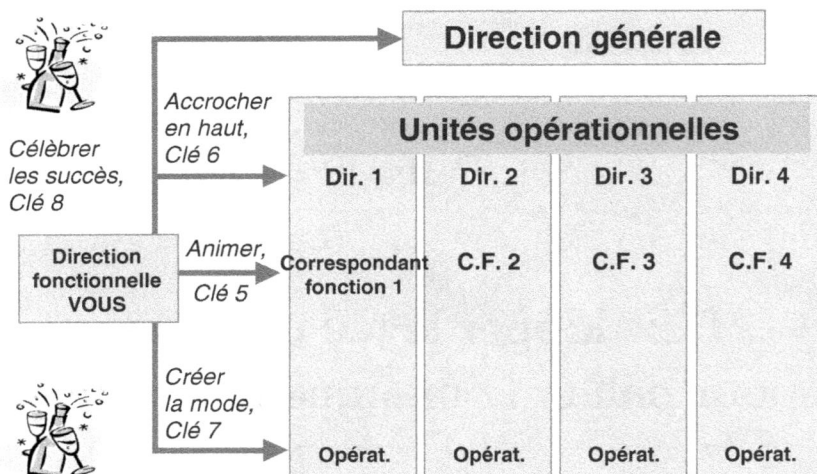

		Direction générale			
		Unités opérationnelles			
	Accrocher en haut, Clé 6	Dir. 1	Dir. 2	Dir. 3	Dir. 4
Direction fonctionnelle VOUS	Animer, Clé 5	Correspondant fonction 1	C.F. 2	C.F. 3	C.F. 4
	Créer la mode, Clé 7	Opérat.	Opérat.	Opérat.	Opérat.

Célèbrer les succès, Clé 8

Développer le jeu d'acteurs : une action à tous les niveaux.

Le niveau des directeurs : des unités opérationnelles, mais aussi du groupe tout entier. C'est par eux que votre fonction va intégrer les fonctionnements quotidiens du groupe. Les mobiliser n'est pas simple : ils sont *directeurs*, c'est-à-dire qu'ils ont mille et une autres priorités, se sentent maîtres de leur territoire, et ne se laisseront pas faire. Nous verrons comment procéder dans la **Clé 6**.

Le niveau de la base opérationnelle, qu'il va falloir mobiliser et entraîner à de nouvelles manières de fonctionner : ceux-là ne vous connaissent pas, vous n'avez aucun pouvoir sur eux et il y a peu de chances que vous puissiez y accéder un jour. Comment les atteindre malgré tout ? Ce sera l'objet de la **Clé 7**.

Le niveau global, que nous verrons à la **Clé 8** : ne laissez jamais passer une occasion de marquer, sinon de fêter un succès. Pressé par le temps et la prochaine étape, on oublie quasi systématiquement de célébrer les réussites. Or le succès déclaré comme tel devient un point d'appui formidable pour la suite ! Nous verrons que les succès à célébrer doivent concerner les trois cibles précédentes.

Clé 5

Donner envie
à vos correspondants

« À l'œuvre, on connaît l'artisan »
Jean de La Fontaine (1621–1695)

1. Mobiliser sans pouvoir

> ### Diriger des capables ou des incapables ?
>
> *« Le nouveau patron n'a encore rien fait, mais il a déjà tout changé, raconte le responsable de la qualité. Pendant cinq ans, son prédécesseur nous a fait croire qu'on était intelligents. Il nous écoutait, nous donnait des responsabilités. Depuis trois mois que le nouveau patron est là, on est tous des imbéciles. Je ne vous raconte pas le moral, ni la mobilisation… »*

Directeur, mais fonctionnel. Vous dirigez, au sens où vous donnez la direction. Mais pas au sens où vous commandez. Votre équipe directe est limitée, si elle existe. Au-delà se situe le vaste monde de l'entreprise, ses services, ses régions, ses départements ; si sa taille le permet peut-être même des divisions (les bien nommées), des filiales.

Là évoluent des collaborateurs beaucoup plus nombreux qui ne vous reportent pas directement, que vous n'évaluez pas directement, à qui vous n'avez aucune promesse d'avancement ou d'augmentation à offrir, mais que vous devez entraîner, professionnaliser, mettre en ordre de marche ; à qui vous allez demander de suivre des procédures, de changer leurs habitudes de travail de manière plus ou moins profonde, de vous faire des reporting réguliers : parce que votre mission, à vous, est de consolider l'ensemble et de rendre compte à la direction générale.

Que vous soyez responsable qualité, achats, juridique, innovation, sécurité, ressources humaines, finances, technique, etc., c'est à vous qu'on demande des comptes. Pourtant, vous avez si peu de marge de manœuvre, dénué de ce sacré pouvoir hiérarchique que d'autres, qui vous tolèrent dans le meilleur des cas, détiennent.

Le bon départ

Monsieur Qualité vient d'être nommé pour remettre en selle l'ensemble de sa filière. C'est un homme reconnu au siège, venu du terrain, donc *a priori* crédible. Il veut réussir son entrée et marquer les esprits. Il s'agit de « *remettre de l'ordre* », a dit le président. On va voir ce qu'on va voir. Il réunit l'ensemble des responsables qualité des divisions une journée à Paris. Un vendredi, parce qu'il est trop occupé les autres jours. Tant pis pour les participants, qui viennent tous de province. Avec son équipe il a élaboré plus de deux cents *slides*, dont il va abreuver les participants du matin au soir. *Exit* les présentations et les pauses ridicules, car « *on ne perd pas de temps, on n'est pas là pour ça* ». Les participants sont furieux, ils ont perdu leur journée et un début de week-end. Dès la réunion suivante, les rangs sont clairsemés. Monsieur Qualité a marqué les esprits, mais pas comme il l'espérait. Jamais l'échange, le partage et la co-construction ne pourront se développer avec de telles pratiques. Attention à la tentation de l'abus de pouvoir, attention aux fausses économies !

2. Susciter l'envie pour mobiliser

2.1. Mobiliser… mais comment ?

Non, la mobilisation n'est pas l'apanage des partenaires sociaux. Elle est également indispensable à tout chef d'équipe.

Nous vous proposons un exercice : qu'est-ce qui, dans votre vie personnelle, peut vous mobiliser ? Allez-y, prenez trois minutes pour réfléchir, le résultat n'en sera que plus fort. Écrivez vos réponses.

À présent analysez-les : lesquels de ces leviers qui *vous* mobilisent sont réellement utilisés dans l'entreprise ? Sans doute l'exigence du patron, la prime ; la formation (vous avez dû écrire : le développement personnel plutôt que la formation, nuance intéressante !) ; le challenge ; faire partie d'une équipe (si dans l'entreprise on a le talent de cultiver les équipes). C'est sans doute à peu près tout.

Quid des autres leviers ? L'envie, la passion, la grande cause mobilisatrice, la sensation d'être utile ? Nous verrons plus loin comment vous pourrez actionner les leviers traditionnels de l'entreprise. Mais arrêtons-nous justement sur ces « grands oubliés », l'envie en tête, ce moteur puissant si peu utilisé. Cela peut être de donner envie de :

- participer à un mouvement d'ampleur qui naît sous nos yeux ;
- faire plutôt que d'attendre ;
- s'épauler, s'aider entre collègues, car l'union fait la force ;
- être valorisé par ses actions, devenir « le » référent sur le sujet ;
- venir aux réunions, car on sait qu'on va s'y retrouver, partager, s'amuser, voire franchement rire tous ensemble.

L'envie est un puissant moteur de motivation. Elle fait avancer, mais il est rare qu'elle soit reconnue dans le monde du travail. Or le leader doit donner envie, montrer que cela le passionne et développer un certain climat « sympathique ». Surtout s'il n'a que ce moyen pour entraîner, sans autre pouvoir d'aucune sorte !

Les petits chefs ne savent pas donner envie, car pour donner envie il faut expliquer, convaincre, sortir du hiérarchique pour entrer dans l'adhésion. C'est pourtant bien ce que vous voulez, n'est-ce pas ?

- ❏ Le plaisir, l'envie
- ❏ Le plaisir d'être avec les autres
- ❏ Un objectif compréhensible et atteignable, un cap partagé
- ❏ Faire plaisir
- ❏ L'utilité
- ❏ Rendre service
- ❏ Mes convictions, l'adhésion à une cause
- ❏ La fierté
- ❏ L'innovation
- ❏ Je suis leader (acteur, auteur, réalisateur)
- ❏ L'enthousiasme
- ❏ L'émulation, la compétition

- ❏ La valorisation
- ❏ Ma motivation
- ❏ Transmettre
- ❏ Le confort

- ❏ L'argent
- ❏ Mon développement / grandir avec l'entreprise
- ❏ Mon employabilité
- ❏ L'ordre, la pression
- ❏ La reconnaissance, la considération

Les leviers de mobilisation individuelle.

2.2. Définir une grande cause, une œuvre, une cathédrale...

À côté de l'envie, dans la liste ci-dessus, figure l'adhésion à une cause. On connaît désormais bien l'anecdote : dans une cour, trois hommes sont en train de casser des pierres. Un passant demande au premier : « *Que faites-vous ?* » Il répond en grommelant : « *Vous voyez bien ! Je casse des pierres !* » « *Et vous, que faites-vous ?* », demande-t-il au deuxième. « *Je travaille pour gagner ma vie* », répond-il avec fierté. « *Et vous ?* », demande-t-il au troisième. L'homme sourit : « *Moi, je participe à la construction d'une cathédrale.* »

C'est sans doute ce qui manque le plus dans nos sociétés : emballer les foules, les enthousiasmer avec un projet, une vision qui va les mobiliser, les fédérer. Le succès des associations de toute sorte, en France, prouve la capacité des causes à mobiliser. Les entreprises restent encore très en retrait ; les sièges, trop loin des préoccupations du terrain, ne savent plus comment susciter l'enthousiasme. Les méthodes existent pourtant, elles ont été exposées dans un autre ouvrage[1].

---

1. Berlot, J.-C., Bustamante, J.-L., Hours, J.-M., *De la stratégie au terrain : pour une mise en œuvre rapide et maîtrisée*, Éditions d'Organisation, 2008.

Quelle est votre cathédrale ? À quelle œuvre allez-vous associer celles et ceux qui travaillent sur les sites opérationnels loin de vous et qui ne dépendent pas de vous ?

Les enjeux de la direction générale du groupe à la création de votre fonction, les objectifs qu'elle lui fixe constituent le chœur, le point de focalisation. Il s'agit du taux de clients très satisfaits (pour la qualité) ; ou des réductions de coûts d'achats ; ou du nombre de brevets déposés (pour l'innovation et le juridique) ; ou de l'adéquation entre effectifs et activités (pour certaines DRH). Toutefois, ils ne donnent pas toujours envie de lever les yeux…

Il vous faut aussi trouver la cause supérieure, celle qui requiert de manière indiscutable l'énergie de chacun, parce qu'il en va de la transformation positive du groupe tout entier (pour vous aussi, du reste !). En plus de la raison, des enjeux et des objectifs, il y a, forcément, une part de passion, de rêve, une aventure unique, une fierté nouvelle pour chacun d'eux… Pour les plus anciens de votre fonction, ceux qui en ont vu d'autres, il faut arriver à les faire se demander : « *Et si, cette fois, il s'agissait d'un moment historique pour le groupe ?* » (et donc pour eux-mêmes ?).

Agitateur de progrès

Au contrôle de gestion, on n'arrête plus. Les chefs demandent des reporting incessants, les unités ne remplissent pas les tableaux, il faut courir partout pour avoir les chiffres et chacun s'épuise. « *Une cathédrale ? Laissez-moi rire ! Nous passons notre vie à répondre à des courriels et à faire des tableaux Excel* », s'indigne Monsieur Contrôle de Gestion, le responsable. Puis il réfléchit, questionne son propre chef, écoute ses troupes sur ce que le service pourrait apporter si l'on travaillait mieux. Avec son équipe directe, il a fini par identifier une vraie vocation. Ils l'ont appelée « Détecteur d'opportunités ». Dans les couloirs, en réunion, dans les bilans d'activité, chacun s'est pris au jeu. Ils se sont mis à se poser la question : « *Alors, tu as détecté quelle opportunité, toi, aujourd'hui ?* » Le service est rapidement devenu un splendide agitateur de progrès pour l'entreprise tout entière.

2.3. Bâtir une filière, construire une fierté pour se faire des alliés sur le terrain

Vous êtes le directeur de la fonction, mais personne ne vous attend. Les directeurs des unités opérationnelles ne veulent surtout pas d'ingérence sur leur territoire, même (et peut-être surtout !) si la fonction y est indigente.

En effet, dans chaque unité, certaines personnes s'occupent généralement déjà de votre fonction. À temps plein (quand il s'agit de fonctions matures, comme les RH ou la qualité), ou en plus de leur fonction opérationnelle (pour la RSE ou l'éthique, par exemple, encore souvent rattachées à d'autres directions). Ces personnes, que nous allons appeler vos « correspondants » dans les unités, ont déjà bien assez de travail pour considérer vos demandes d'un bon œil.

Vous n'avez pourtant pas d'autre choix que de vous appuyer sur ces correspondants. Ils sont peut-être (en plus de n'être pas à plein temps sur la fonction !) des éclopés de l'entreprise, des bras cassés nommés là quand on les a trouvés trop fatigués pour l'opérationnel – production ou vente. Des personnes parfois démotivées, quand la fonction était jusque-là en déshérence, perdues dans les tréfonds de l'organigramme…

Faire briller les yeux

Madame Achats a été recrutée pour mettre les achats du groupe sous contrôle. Dans toutes les filiales, on trouve bien des administratifs qui passent des commandes et discutent ici ou là avec des fournisseurs, mais pas des acheteurs au sens où elle les connaît dans l'automobile, qui construisent des stratégies d'achat, vont chercher les meilleurs fournisseurs et savent questionner les besoins. Elle réunit néanmoins régulièrement les responsables achat en poste. Elle les a nommés « CAL » (Correspondants Achats Locaux), parce que leur entreprise pourra s'appuyer sur eux. Elle les traite en champions, comme s'ils sortaient tous d'écoles de commerce. Elle leur parle de leur mission : « *Porter le changement de culture du groupe* ». Elle fait briller les yeux. Rien n'a encore changé, mais déjà plus rien n'est comme avant.

Très vite, vous pouvez vous faire des alliés de vos correspondants, si vous leur faites comprendre qu'avec vous, au moins, ils vont progresser ! Surtout s'ils sont aigris et mis au rebut de leur entreprise. « *Pour que les gens méritent votre confiance, il faut commencer par la leur donner* », écrivait Marcel Pagnol dans *Le Temps des amours* (1977). Qui sait ? Vous aurez peut-être de très belles surprises. Nous en avons eu nous-mêmes beaucoup plus que nous n'aurions osé l'imaginer.

3. Comment le faire ?

Si vous réussissez à définir la grande cause précédente, si vous parvenez à faire briller les yeux de vos correspondants, comme nous le disions plus haut, la mise en mouvement doit s'opérer assez facilement à travers les leviers suivants.

3.1. Construire – tout ! – avec vos correspondants

Une bible

« *Je vois que vous êtes un spécialiste du fonctionnement en projets*, dit le directeur général à Madame Méthodes, qu'il vient de recruter. *Cela tombe bien, vous allez nous apprendre !* » Ainsi encouragée, Madame Méthodes se met à écrire une bible de la gestion de projets et la diffuse à l'ensemble des managers. En la recevant, Monsieur Manager hausse les épaules : « *On a vraiment de l'argent à perdre !* », maugrée-t-il en la jetant sur son étagère. Elle n'en a plus bougé depuis.

Les managers qui n'avaient pas intégré le fonctionnement en projet jusque-là n'allaient pas commencer sous prétexte qu'une méthode nouvelle leur était proposée. Ceux qui avaient démarré et avaient créé eux-mêmes des méthodes et des outils, ne se sont pas sentis reconnus ; ils ont mal pris l'initiative. Avant d'écrire et de produire, il faut regarder ce qui préexiste dans l'entreprise, le valoriser et capitaliser sur sa légitimité pour y entraîner le plus grand nombre.

Pour susciter l'envie, rien de tel que d'impliquer dans la construction du cadre général, de la politique, de la démarche, des outils, des méthodes ; en d'autres termes, de co-construire l'outil-modèle, comme nous l'avons vu à la **Clé 3**. La fonction n'est pas la tête, les opérationnels ne sont pas les jambes, avec la tête qui pense pour les jambes ou, pire encore, qui les commande. La fonction et les opérationnels travaillent ensemble, en même temps, ils sont « alignés », comme on dit aujourd'hui.

Dynamique ou préséance ?

Madame RH a imaginé de donner à chacun des collaborateurs de son unité opérationnelle une visibilité sur ses possibilités d'évolution de carrière au sein de l'unité. Elle a commencé à travailler sur une arborescence des métiers et doit choisir un logiciel pour la formaliser et la mettre à disposition sur l'Intranet de l'unité. « *Attendez ! Nous avons un projet analogue au siège !* », lui annonce Monsieur RH Siège. Madame RH arrête son travail et attend les retours du projet du siège. Les collaborateurs, qui avaient pourtant réclamé l'outil, attendront deux ans de plus… Au moins ! À la tête d'une fonction, que vaut-il mieux dire : « *Arrêtez, on fait quelque chose* » ? Ou bien plutôt « *Venez, faisons quelque chose* » ?

Les équipes du siège gagnent toujours à associer les correspondants des unités opérationnelles en amont, là où ils ne voient jamais rien. D'abord, vos correspondants connaissent assez la réalité pour avoir d'excellentes idées… réalistes. De plus, si je me sens écouté et utile, moi, acteur de terrain, dès la conception, je serai beaucoup plus enclin à mettre en œuvre ensuite.

Vous trouverez forcément des pratiques, des solutions, des outils, des briques constituantes de votre futur outil-modèle, qui existent déjà sur le terrain, et qui vous serviront de base. Il y a toujours des correspondants plus créatifs que d'autres, plus avancés dans leur réflexion et sa mise en œuvre. Commencez par repérer ces individus précieux (voir la **Clé 1**), puis repartez de ces bourgeons ou de ces briques, même parcellaires, pour les rendre utilisables pour tous.

Tout le monde y gagne :

– Le correspondant est valorisé par ce changement de dimension : son bébé devient une meilleure pratique pour le groupe ! Il est valorisé en interne vis-à-vis de ses collègues et bien sûr de ses diri-geants. Lui-même peut aussi valoriser son équipe, qui a eu l'idée ou l'a aidé à la faire naître et à la développer.

– Les autres membres de la filière fonctionnelle ont ainsi directe-ment accès à une bonne pratique déjà éprouvée, testée au feu, ce qui en facilite largement à la fois l'acceptation par leurs équipes respectives, leur hiérarchie et l'ensemble de leur structure.

– Vous enfin, responsable de la fonction, montrez que vous n'êtes ni dans une posture de « *le siège arrive et il sait* », ni dans une perte de temps passé à réinventer la roue. Cela peut vous paraître basique et de bon sens, mais on voit si souvent l'inverse…

– Votre propre hiérarchie peut ainsi mettre en évidence l'esprit col-laboratif du siège contre les détracteurs de tout poil, qui n'ont de cesse de se plaindre des volontés trop hégémoniques du siège qui les étouffe !

Au-delà de ces briques de base, l'idéal sera de concevoir et de cons-truire, avec quelques opérationnels habilement choisis, l'outil-modèle global lui-même (dans lequel s'inscrit chaque brique, issue du terrain comme nous venons de le voir) et son mode de déploiement, et d'en faire le cadre commun à toute la filière.

Avec cette construction coopérative fonction-opérationnels, vous donnerez plus facilement envie de monter dans le train dont vous assurez la conduite. Chacun pourra ainsi légitimement être acteur du mouvement global en cours et pas simplement récipiendaire de « tout ce qui tombe du siège ». C'est un point tout à fait fonda-mental : c'est gagnant-gagnant, chaque responsable de votre filière partage et formalise une partie de son savoir-faire, en est reconnu comme l'auteur et en même temps reçoit aussi des autres.

Bien sûr, certains ne seront qu'en réception et en mise en œuvre. Peu importe, leur tâche n'en sera pas simplifiée pour autant, mais ils auront aussi le sentiment de faire partie d'un mouvement, d'une transformation en cours. Ils interrogeront les auteurs des meilleures pratiques, les contributeurs à leur formalisation et s'enrichiront de ces échanges. Dans certains cas, des variantes peuvent naître et la meilleure pratique est ainsi encore enrichie. Tout le monde se sent acteur, valorisé, dans le mouvement. Cette dynamique collective recèle une puissance insoupçonnée.

3.2. Rendre les acteurs auteurs

Vos correspondants dans les unités opérationnelles, sur le terrain, ne sont pas forcément les rois de leur unité. En leur donnant les outils et les méthodes nécessaires, en les remettant en route dans une véritable mission, vous les rendez acteurs du progrès. Vous allez en plus les rendre auteurs, en leur assurant une reconnaissance visible de leur travail.

Valoriser les auteurs !

Monsieur Manager a mis en place un code de déontologie dans l'ensemble de sa zone. Quand un directeur de la RSE est nommé au niveau du groupe, il repère rapidement la bonne pratique chez Monsieur Manager. Que va-t-il faire ? La « pomper », se l'attribuer et en faire une note de service à destination de l'ensemble des zones du groupe, avec un grand coup de communication pour se faire mousser au comité de direction ? Ou au contraire aider Monsieur Manager à la « packager », la diffuser et le mettre en valeur ? En l'occurrence − chance ! − Monsieur RSE a choisi la deuxième voie. Comme par magie, le code de déontologie porté par Monsieur Manager a été rapidement déployé dans toutes les unités opérationnelles du groupe : Monsieur RSE avait compris que personne ne serait plus efficace qu'un opérationnel pour convaincre un autre opérationnel, et qu'un auteur ferait tout son possible pour « vendre » son œuvre…

Nous avons tous le choix : dans le premier cas, j'apparais comme l'auteur et je me fais bien voir, mais l'auteur, le vrai, m'en voudra à jamais et taira désormais ses bonnes idées. Pire : il en informera rapidement ses collègues, qui feront de même. Je resterai célèbre un moment peut-être, mais seul et déconnecté durablement.

Dans le second cas, je fais de l'auteur le référent du sujet et de sa bonne pratique à l'échelle du groupe. Je mets à sa disposition l'équipe de la fonction pour en assurer la mise en forme, le guide utile pour ses collègues, la référence généralisable à toutes les zones. Elle va aider l'auteur à créer son « bébé », à le diffuser ; elle va le mettre en scène, accompagner son déploiement sur le terrain. Mieux : ses collègues viendront le voir directement, sans passer par la fonction (on craint toujours d'avouer ses lacunes aux gens du siège !), et c'est tant mieux : la fonction y gagne une dynamique de progrès durable et générale. C'est très exactement ce qu'elle cherche.

> ### Auteur d'une brique, porteur de l'édifice
> Monsieur RH a développé une formation à l'affirmation de soi pour les vendeurs et les acheteurs de son unité. Le nouveau directeur des ressources humaines du groupe est séduit. Il travaille avec lui pour l'intégrer au plan de formation global du groupe, le fait intervenir pour présenter sa formation à l'ensemble de ses collègues, puis dans le magazine interne du groupe. Monsieur RH devient rapidement le premier ambassadeur de l'ensemble du plan de formation, dont pourtant sa propre formation ne constituait qu'une brique infime…

Ces histoires (vraies, comme toutes les autres de ce livre), indiquent une autre caractéristique des dynamiques fonctionnelles gagnantes. La fonction y joue, en quelque sorte, le rôle d'un éditeur de best-sellers : il encourage et soutient dans la création, il promeut, il diffuse. Le succès d'une maison d'édition passe par celui de ses auteurs et de leurs œuvres. Une direction fonctionnelle ne devrait au fond pas rechercher autre chose. Un responsable fonctionnel cherchant un prix Nobel… devrait rapidement bifurquer vers l'opérationnel !

3.3. S'occuper des personnes pour qu'elles se mobilisent sur les sujets

Les responsables de votre fonction sur le terrain opérationnel ne dépendent pas de vous, vous ne les avez pas forcément choisis, encore moins recrutés vous-même. Certains peuvent adhérer, d'autres au contraire peuvent être limites pour des raisons de savoir-faire ou de savoir être… Nous l'avons évoqué au paragraphe 2.3. Comme partout, il peut y avoir des problèmes de casting.

Un placard

Monsieur Marketing a été muté à la qualité. Il l'a très mal pris. « *Qu'ai-je fait comme bêtise pour mériter ça ?* », bougonne-t-il à qui veut l'entendre. Sa branche a fusionné avec une autre, le directeur général a choisi son collègue pour chapeauter le nouveau service. Lui doit se contenter d'un poste de seconde zone, un placard comme il dit. « *Et encore, soyez content qu'on vous garde !* », lui a rétorqué son patron. La directrice qualité du groupe trouve un individu aigri et déplaisant. Elle comprend, mais ne sait que faire. Si elle ne trouve pas de solution, il va devenir un « responsable de la non-qualité », traitement des réclamations et des rebuts. Et il aura raté une belle occasion de progresser…

Plusieurs cas de figure peuvent se présenter :
– Une unité n'a pas de correspondant ou il n'est pas au niveau pour porter la démarche dont vous assurez le pilotage. Ce cas est même pire… Vous devez travailler directement avec le directeur de cette unité, afin qu'il nomme une personne au charisme, à la compétence, à l'enthousiasme connus et reconnus de tous. Si l'ambition fixée par la direction générale le justifie, il le fera.
Vous pouvez aussi aider le patron de l'unité (et c'est ce que la directrice qualité a fait avec le directeur d'unité de Monsieur Marketing) à définir une nouvelle ambition pour son collaborateur, conforme à celle du groupe et correspondant à son propre intérêt. Rien de tel qu'une ambition et des objectifs relevés pour… relever un déçu.
– Telle autre entité a un responsable mais pas vraiment les moyens pour faire avancer les sujets. Là encore, votre lobbying doit permettre d'améliorer les choses. Lorsque sa hiérarchie comprend et lui donne les moyens, votre discours, votre support prend chair et votre crédibilité grimpe en flèche. Puis, le bouche à oreille joue et spontanément vous serez sollicité ici ou là pour intervenir aussi.

Dans tous les cas, ce travail auprès des directions générales, en appui de votre fonction et de ceux qui l'animent sur place, est primordial. Nous verrons plus loin l'importance de travailler à tous les niveaux : vos correspondants opérationnels, mais aussi leurs supérieurs hiérarchiques et leur directeur d'unité.

Au fur et à mesure que votre filière s'étoffe, vous devrez immanquablement renforcer la compétence des membres qui la composent. En effet, les nouveaux entrants ont, au mieux, entendu parler de votre outil-modèle ; généralement, ils partent de zéro et il vous faut les accompagner dans leur montée en connaissance et en compétence. Il en est de même pour un régime établi : le turnover naturel fait qu'après quelques années passées dans une filière, un correspondant prend d'autres responsabilités et en sort. Il faut donc mettre à niveau son remplaçant.

Il vous revient de construire et d'assurer cet accompagnement. Franchement, c'est tant mieux : car à accompagner les premiers pas des débutants, à leur apporter une valeur ajoutée d'autant plus réelle qu'elle s'appuie sur l'ensemble des expériences du groupe, vous vous ferez des alliés inconditionnels.

Sans vouloir être exhaustif, on peut lister les dispositifs suivants :

– Des réunions de présentation de la démarche, des principes, des outils en tête-à-tête dès la nomination du nouvel entrant. Au-delà de la partie purement technique, ces réunions sont l'occasion de faire connaissance avec lui et de se faire une idée de la personne à qui vous avez affaire. Privilégiez ces réunions au siège (à l'inverse des réunions avec sa hiérarchie, à organiser sur place dans leur unité) : le nouvel entrant fera ainsi la connaissance de votre équipe centrale ; il les aura souvent au téléphone pendant les premières semaines de sa prise de fonction.

– Des formations préparées avec des formateurs extérieurs. Il s'agit de formations qui partent du général pour aller vers le particulier, de plus en plus précises et techniques. Sauf cas spécifiques, ces réunions se déroulent au siège, en terrain neutre et central, pour réunir des correspondants ou intervenants des unités opérationnelles. Ce brassage permet en outre d'assurer le maillage du réseau relationnel entre membres d'une même filière.

— Une forme aboutie de cette démarche, que l'on trouve dans certains groupes, est le parcours de professionnalisation. Il dure souvent plusieurs mois, avec des formations théoriques, des exercices pratiques, une mise en œuvre dans l'unité de chacun, une forme de mémoire et une soutenance. En cas de succès, un diplôme interne au groupe (mis en place avec la DRH), ou externe, c'est-à-dire ayant une portée et une vocation beaucoup plus larges, est remis. Les correspondants opérationnels seront toujours vos alliés, s'ils voient concrètement que vous œuvrez à leur développement et à leur employabilité.

> **Donner pour recevoir**
>
> Monsieur Achats a vite compris : son entreprise, l'un des leaders de l'aéronautique, est reconnue pour son expertise technique. Les achats font figure de parent pauvre et n'arrivent pas à attirer de candidats de valeur. Il monte un parcours de formation diplômant avec une école de commerce. Ses acheteurs pourront ainsi, tout en travaillant, décrocher un mastère spécialisé. Les unités opérationnelles n'ont jamais offert de telles opportunités à leurs collaborateurs… Les achats sont soudain devenus plus attractifs !

3.4. Animer votre réseau

3.4.1. Quelles réunions plénières ?

Par définition, les correspondants de votre fonction sont isolés. Chacun travaille dans son unité, son service, sa division, sa filiale. Or l'aventure collective constitue, comme nous l'avons vu, un levier puissant de mobilisation. Pour jouer collectif, il faut se connaître, donc, déjà, se rencontrer. Vous allez par conséquent réunir vos correspondants une première fois, puis régulièrement lors de réunions plénières. Il faut créer des rituels, un rythme, qui vont devenir un réflexe et aussi un plaisir, celui de se retrouver ensemble. Bien sûr, vous devez là aussi intégrer les rites de la maison tout en les bousculant parfois un peu.

> ### Marquer les esprits
>
> Monsieur Qualité et son équipe organisent leur première réunion plénière. Tous les responsables qualité des directions régionales sont invités, venus des quatre coins de l'entreprise. Ils décident de marquer les esprits et d'aller hors saison dans un palace sur la côte basque. Ils sont au lancement de leur démarche, de promotion de leur outil-modèle ; il faut donc « booster » tout le monde. L'emplacement est magnifique, l'hôtel très haut de gamme à un prix très bien négocié – c'est la basse saison. La fonction finance totalement la manifestation, les participants ne s'occupent que de leur déplacement. Le directeur général commence par refuser en voyant le nombre d'étoiles de l'hôtel, puis réalise que le budget n'excède pas les standards de ce type de rencontre. Les participants sont flattés par le standing et la qualité du cadre (très belle collection de meubles Boulle Second Empire). Ce genre de lieu était traditionnellement réservé, selon les usages du groupe, aux cadres dirigeants, voire aux directeurs d'unités opérationnelles. Les participants ont compris de suite que le sujet « le valait bien » – et eux aussi.

Vous pouvez imaginer deux niveaux de plénière : petite réunion plénière ou grande.

Dans le premier cas, il s'agit de réunir les responsables ou directeurs de ladite filière afin de les faire se mieux connaître, échanger, partager, etc., nous y reviendrons.

Dans le second, vous laissez à chaque structure le choix du nombre de participants. Ainsi, une structure qui est déjà bien développée sur votre sujet peut être représentée par tout ou partie de l'équipe en question. Très souvent, ce sont les chefs et seulement eux qui ont l'opportunité de voyager. Pour créer une rupture de style et imprimer votre marque, il peut être intéressant d'organiser une grande réunion plénière. L'effet est garanti sur les collaborateurs qui ne sont jamais invités ailleurs qu'aux vœux du président ou à l'arbre de Noël du comité d'entreprise. Question de style…

Certains groupes ne sont pas friands de ce type de « messe » : trop long, trop coûteux, trop décontracté, trop… Erreur ! Toutes les entreprises humaines ont besoin de rituels. À vous de les créer, de les faire vivre, d'en être le GO. Il existe d'ailleurs aussi la réunion plénière où l'on ne se voit pas ! On est en audioconférence, une demi-journée ou une journée entière (une journée au téléphone ; si, si, cela existe…). Évidemment ce n'est pas cher ! Mais ça rapporte quoi ?

3.4.2. Quel mode d'animation ?

Votre objectif est de favoriser les échanges et progressivement de donner envie à tout le réseau de ne pas rater l'événement !

Inciter à revenir…

Monsieur Technique était jusque-là un opérationnel un peu brimé. Il vient d'être nommé à la tête de la fonction technique du groupe. Il réunit ses correspondants pour la première fois : « *Vous venez tous d'unités différentes, je le comprends. Mais vous faites aussi partie de ce réseau et il est prioritaire. Je ne tolérerai pas d'absence. Il faut qu'on soit bien d'accord là-dessus : à chaque absence, j'avertirai le directeur de l'unité concerné pour lui demander des comptes.* »

Inutile de le préciser : la dynamique et la valeur ajoutée d'un réseau construit de la sorte ne vont pas le porter bien loin. Les directeurs d'unités opérationnelles ne verront pas ce qu'il leur rapporte, leurs équipiers reviendront peu enthousiastes des plénières, et l'ensemble s'éteindra rapidement malgré l'engouement initial.

Imprimer un style

Madame Qualité et son équipe ont longuement réfléchi au style d'animation de leur plénière. Ils ont recueilli tout un ensemble de vidéos, de dessins, de blagues – en rapport avec les sujets traités –, entrelardé les sujets de fond de ces instants entre parenthèses. Le style a été imprimé : un travail sérieux dans une ambiance décontractée. Les participants se prennent au jeu et sont quasiment en attente de la séquence suivante… Une ambiance exceptionnelle ! L'équipe a déjà gagné : une réunion de ce type vise d'abord à vendre la démarche aux correspondants, ou plutôt à faire en sorte qu'ils l'achètent, la réclament – la portent ! Car même si certains en attendent quelque chose *a priori*, beaucoup n'attendent personne, surtout pas les équipes de la fonction.

La mise en commun nécessite un cocktail savant. Il s'agit en effet de réussir le dosage entre détente (tous arrivent stressés, il faut les rendre disponibles), présentations et pauses. Ah, les pauses ! Comme dit un collègue : « *Le plus important dans nos réunions plénières, ce sont les pauses.* » Oui, mille fois oui ! Il faut « perdre du temps » dans les pauses ou donner l'impression que, certes, il y a un *timing* à respecter, mais que cinq minutes ou plus de battement font partie de l'exercice. Pourquoi ? Parce que pendant les pauses, les participants échangent des tuyaux, des recettes, discutent de comment ils ont fait ceci, adapté cela, tissent des liens professionnels ou amicaux, bref se donnent envie les uns les autres de progresser ensemble.

Le secret d'une bonne réunion plénière ? Des pauses de trente minutes toutes les quatre-vingt-dix minutes !

Faire des correspondants des avocats de la fonction

Monsieur RSE, le directeur de la responsabilité sociale de l'entreprise, et son équipe centrale, ont construit le cadre général de travail, leur outil-modèle, avec quelques membres de la filière, ceux qui étaient plus avancés dans la démarche et dont la réputation, la crédibilité, voire le leadership étaient réels. Ils ont conçu des mécanismes d'autoévaluation et d'audits que chacun de leurs correspondants locaux allait à présent devoir mettre en œuvre. Lorsque son équipe et lui sont arrivés au cœur même de leur exposé en séance plénière, les participants ont pu toucher du doigt l'étendue de ce qu'ils allaient devoir faire. Si la plupart adhéraient à la démarche, un certain nombre d'objections sont apparues. « *Rien de bien neuf sous le soleil*, pense Monsieur RSE. *C'est même rassurant ! On a beau réfléchir, préparer, essayer de tout prévoir, anticiper… il y a toujours des imprévus…* » Mais là, surprise : ceux qui avaient conçu le cadre général avec lui étaient devenus ses avocats ; la fonction n'a pas eu à défendre ou argumenter : les participants à la construction de l'outil-modèle se sont mis à répondre directement à leurs collègues interrogatifs ou inquiets. Là, il sentit qu'il avait marqué des points.

Fiche technique 4
Formaliser les bonnes pratiques

La formalisation d'une bonne pratique relève toujours du même processus : un outil/une brique existe de manière plus ou moins embryonnaire dans une ou plusieurs entités, avec des variantes dans ce second cas. Il faut commencer par constituer un groupe de travail avec des représentants de ces entités innovantes et quelques candides. Ce groupe de travail définit le périmètre de cette future pratique commune, puis il évalue les pratiques existantes et leur niveau d'adéquation et de pertinence avec la cible. Une fois ce travail effectué, la formalisation à proprement parler peut commencer.

Pour éviter de réinventer la roue à chaque fois, l'équipe centrale de la fonction peut définir le canevas standard d'une bonne pratique. Là encore, il faut voir ce type de cadre comme un guide, voire un pense-bête et non un carcan.

La bonne pratique pourra alors être formalisée dans un guide pratique, qui servira de fil rouge pour sa mise en œuvre. Le guide pratique identifie et précise le rôle des différents éléments constituant la meilleure pratique : supports de présentation pour la hiérarchie (on ne l'oublie pas) et pour les équipes concernées par son utilisation (le mode d'emploi), supports pour réaliser un bilan, des statistiques, etc. Bref, avec le guide, ces éléments complémentaires et l'accompagnement terrain de votre équipe, le correspondant local est pleinement pris en charge pour lui assurer une bonne compréhension de cette nouveauté et de son mode d'emploi.

La rédaction d'un guide pratique doit bien sûr toujours partir de sa cible : en se mettant à la place de celui qui est susceptible de recevoir ce guide, qu'aimerais-je y trouver, quelles questions je me poserais… D'où le macrosommaire suivant :

1. Préliminaires
2. Raison d'être

3. Comment ça marche ?
4. Mise en place opérationnelle
5. Conditions de réussite et clés de succès

Annexes éventuelles

Pour maîtriser la diffusion et surtout l'appropriation d'une bonne pratique, vous pourrez décider de ne délivrer le guide que sous format papier. Un membre de votre équipe viendra présenter, aider, conseiller, faire des recommandations lors d'une journée de travail au sein de l'entité volontaire pour mettre en œuvre la bonne pratique. Oui, volontaire : si vous suivez les indications de ce chapitre, vous n'imposerez rien, mais donnerez simplement l'envie de progresser tous ensemble.

Puis vous soignerez particulièrement la forme du guide, afin de trouver un compromis entre un aspect de petit manuel relié très professionnel et la maîtrise des rééditions et des versions à moindre coût. Tous les outils associés (tableurs, diaporama, documents, etc.) pourront être livrés sur CD ou clé USB dans la pochette du guide pratique.

Clé 6

Susciter l'émulation par le haut

« Le plus grand conquérant est celui qui sait vaincre sans bataille »
Proverbe chinois

1. Assurer sa légitimité

À présent, vous disposez d'un réseau d'alliés, un maillage qui couvre l'ensemble des entités du groupe. Les correspondants de votre fonction y croient de nouveau, travaillent ensemble, échangent, construisent et portent les sujets, en route vers l'œuvre commune. Votre réseau est entré dans une spirale vertueuse de progrès.

Cela ne suffit pas. En effet, chaque personne, d'aussi bonne volonté soit-elle, ne fera jamais que ce que son chef lui demande. Après un temps, les patrons d'unités opérationnelles, d'usines ou de filiales pourront trouver que *« c'est bien gentil, tout ça, mais ça coûte cher, et ça ne nourrit pas mes objectifs »*, et demander à vos correspondants de se recentrer sur leur unité.

L'enjeu à présent est de faire en sorte que les chefs aient envie de demander à vos correspondants – leurs collaborateurs – de contribuer à votre œuvre commune. Mieux : qu'ils y aient eux-mêmes intérêt.

2. Ancrer dans la culture et les modes de management

2.1. Aligner les objectifs entre fonction et unités opérationnelles

Pas si facile…

« *Et au nom de quoi voudrais-tu que je fasse ce que tu me demandes ? Lâche Monsieur Manager à Madame Fonction. Cela n'est même pas dans mes objectifs !*

– Tu n'as pas le droit de dire ça ! J'ai été nommée par le président, qui souhaite que…

– Moi aussi ! Et sauf avis contraire, les équipes sont chez moi, pas chez toi… »

Les arguments sont indiscutables de part et d'autre. Chacun a ses objectifs, mais ces derniers ne sont pas cohérents – pas alignés – entre la fonction et les unités opérationnelles, entre ceux qui ont le pouvoir et ceux qui ne peuvent espérer au mieux qu'exercer une autorité reconnue.

Le directeur fonctionnel, responsable mais sans moyens, doit incontestablement produire l'outil-modèle pour professionnaliser l'ensemble des unités opérationnelles de l'entreprise sur son domaine. Mais cela n'aura guère d'impact si les unités n'ont pas un objectif qui rend nécessaire de l'intégrer.

Et comme personne n'est jamais sûr que des unités indépendantes et maîtresses de leur destin se mobilisent spontanément sur des méthodes qu'elles n'ont pas inventées, le directeur fonctionnel va devoir imaginer comment faire aligner les objectifs d'une manière ou d'une autre, entre sa fonction et chacune des entités.

En l'occurrence, c'est exactement ainsi que Madame Fonction a rétabli la situation dans le dialogue suivant.

Les objectifs

« Tu as raison, je ne peux pas te forcer à prendre en charge des objectifs qui ne sont pas les tiens. Mais si tes équipes ne se mobilisent pas rapidement sur le sujet, les objectifs du directeur général ne seront pas tenus.

– Ah… Bien… Dans ce cas… », réfléchit Monsieur Manager.

Monsieur Manager fera ce que Madame Fonction lui demande.

Fort heureusement, les objectifs du directeur général s'imposent à toutes les équipes de l'entreprise. Quels objectifs vont pouvoir s'imposer à toutes les unités opérationnelles de la terre ? C'est ce que chacun d'entre nous doit trouver pour être pleinement efficace…

2.2. Inscrire votre ligne au projet stratégique

Quelques mots magiques

Monsieur Qualité a réussi *in extremis* à faire ajouter quelques mots dans le projet stratégique du groupe, qui doit structurer les quatre années qui viennent. Une petite phrase sibylline va donner à sa fonction une autorité considérable et lui permettre de monter tout une ingénierie de progrès : *« Au cours de la période, chaque unité se dotera d'un dispositif de management de la qualité. »* Les patrons d'unités opérationnelles n'ont rien vu au moment des discussions. Ils ont approuvé le projet stratégique, qui s'est trouvé entériné. Quelques semaines plus tard, Monsieur Qualité et son équipe sont venus les trouver individuellement et leur ont fait l'explication de texte nécessaire. La phrase sibylline est peu à peu devenue leur sujet.

« – Et comment allons-nous faire ?

– Nous pouvons vous y aider… Nous allons travailler avec votre responsable qualité… Nous reviendrons vous faire des propositions avec lui… »

Monsieur Qualité a lu la phrase sibylline à ses correspondants et à l'ensemble des équipes qualité des unités du groupe au cours d'une grande plénière (voir la Clé 5, 3.4). Quand ils ont réalisé que leurs directeurs d'unités avaient entendu ce même message, les correspondants ont compris que leur fonction devenait un vrai sujet porté au plus haut niveau, et qu'ils avaient des réponses à apporter. « *Une opportunité historique* », commentera même l'un d'eux tout haut.

C'était vrai : trois ans plus tard, la filière qualité était installée, chaque unité avait un véritable directeur qualité positionné au bon niveau. La petite phrase sibylline était simplement fondatrice.

Une filière fonctionnelle doit s'installer à tous les niveaux. Avec des correspondants dédiés dans les unités, mais également toute une ligne hiérarchique mobilisée (« en tension ») sur le sujet.

À partir du moment où la ligne hiérarchique trouve son intérêt à porter votre fonction, à déployer l'une de vos actions ou à mettre en place votre outil-modèle, elle devient votre relais sur le terrain. Et vous avez gagné. Les collaborateurs vont se mettre en route naturellement sous la conduite de leur hiérarchie. Vous aurez pris le soin de positionner vos correspondants en soutien et ils se sentiront utiles et valorisés. Et les progrès ne vont pas tarder à se manifester…

2.3. Ancrer votre fonction dans les modes de management maison

L'un des points majeurs pour susciter l'émulation consiste à ancrer la fonction dans les pratiques managériales existantes. Parmi elles, peu de groupes échappent au sacro-saint benchmark, ou plutôt en réalité au classement entre unités, usines, régions, pays, etc.

Vous aussi, imaginez comment vous pourriez créer votre propre benchmark ou plutôt comment certains éléments de votre benchmark technique peuvent nourrir LE benchmark global, le seul qui soit visible et lu par les dirigeants. Il y a fort à parier que si votre sujet a sa place dans LE benchmark du groupe, vous aurez beaucoup plus de facilité à susciter l'émulation.

Une fois que vous avez ajouté votre colonne, surtout ne dites plus rien, faites-vous discret.

Les bons et les mauvais

Monsieur Marketing a réussi : chaque unité doit à présent rendre des comptes chaque mois au directeur général sur sa fonction. En réunion des correspondants, il fait donc lui-même le classement, il critique les « mauvais » et encense les « bons », comme le directeur général procède avec ses directeurs d'unités. Ses réunions tournent au cauchemar pour les correspondants. Il a gagné sa place, mais a perdu sa dynamique. Il en a fait des soldats avec la peur au ventre ; s'il continue ainsi, il ne pourra plus les « animer » pour leur faire produire de la valeur ajoutée.

Les classements sont à la main de qui détient le pouvoir – le directeur général. Jamais à celle des fonctionnels. Les (bons) fonctionnels les alimentent, les connaissent, mais n'en jouent jamais, en tout cas en public. Les classements s'imposent d'eux-mêmes, tout comme les objectifs. Ils servent la dynamique. Cependant, un fonctionnel qui tout d'un coup quitte sa posture de solution pour s'ériger en problème sera, certes, obéi, mais bientôt haï et plus du tout suivi.

2.4. Inscrire la fonction dans les instances existantes

Personne n'attend la fonction. Le progrès, oui ; la présence de nouveaux venus gêneurs dans les comités de décision, certainement pas. Or la fonction doit faire entendre sa voix lorsque les décisions sont prises…

– Comment la qualité peut-elle fonctionner si elle n'est pas associée à la création de nouveaux produits, à la mise en place de systèmes d'information, au lancement de projets ?

– Comment les achats peuvent-ils apporter leur valeur ajoutée si l'on ne les associe pas aux projets qui nécessiteront de recourir à des fournisseurs ?

– Comment l'innovation, par définition destinée à créer de nouveaux produits, peut-elle exister si les lignes de métiers veulent surtout faire « comme d'habitude » ?

– Comment les ressources humaines peuvent-elles jouer un rôle, si elles ne sont pas associées aux nominations ?

Or l'expérience montre que pour être invitée systématiquement (sinon spontanément) aux réunions, une fonction doit être associée aux décisions que lesdites réunions préparent (lancement d'un nouveau produit, investissement, innovation, nomination, etc.), donc aux instances (souvent transverses) qui prennent ces décisions.

Incontournable… comme solution !

La qualité des nouveaux véhicules étant détestable, le directeur général nomme à la direction qualité l'un de ses bras droits. Monsieur Qualité s'interroge : comment va-t-il pouvoir se faire inviter aux réunions de validation des projets de développement, alors qu'il peut leur poser de sérieux problèmes ? Il demande alors au directeur général de lui donner une responsabilité spécifique : celle d'interdire tout lancement de nouveau véhicule dont la qualité pourrait décevoir le client. Du jour au lendemain, les directeurs de projet l'invitent spontanément à chaque passage de jalon : s'il participe aux décisions en cours des projets, il sera moins enclin à arrêter un lancement… La qualité s'est mise à exister : dans sa nouvelle responsabilité, chacun y avait intérêt !

2.5. L'incitation financière

Vous portez un sujet stratégique, majeur… Oui, mais aucune des incitations financières existantes n'y renvoie ! Qu'il s'agisse de bonus, de part variable, de prime de tous poils, pas un seul dirigeant n'a d'incitation à progresser sur votre fonction sujet. C'est fâcheux pour un sujet dit stratégique !

Là, vous devez attendre le moment opportun et nourrir le feu : faire remonter ce paradoxe à la direction générale, proposer un mode de calcul objectif et sans faille (surtout si votre sujet contient une forte part de qualitatif). Naturellement, votre cause va avancer et il semblera normal de faire une place à votre sujet dans les incitations financières. Là encore, attendez le moment opportun. Le sujet va mûrir de lui-même et vous devez être là pour le lancer, puis le « cueillir ».

3. Les leviers de mise en œuvre

Votre sujet est important, très important, stratégique même ; c'est ce que vous a dit la direction générale. Parfait ! Mais au quotidien, sur le terrain, vous-même, votre équipe et les membres de votre filière rament. Il y a loin de la coupe aux lèvres. Comment l'ancrer dans la culture, dans les pratiques, dans les sujets maison ? Comment faire pour qu'ils passent à la vitesse supérieure ?

« *Donnez-moi un point d'appui, et je soulèverai la terre* », faisons-nous dire à Archimède en exergue de la Clé 3. Quels sont vos points d'appui ? Le directeur général qui vous a nommé constitue sans doute le premier et le plus légitime d'entre eux. Mais il ne peut pas être partout, et surtout il ne peut pas dire, demander, exiger n'importe quoi. Comment alors le mettre en scène, démultiplier son exigence, faire qu'elle soit promulguée pour qu'elle s'impose à tous ?

Nous avons vu à la Clé 4 que des fenêtres de tir pouvaient apparaître au gré des événements et des problèmes de l'entreprise. Vous pouvez néanmoins créer d'autres points d'appui.

3.1. Trouver et faire poser le problème dont vous serez la solution

Qui suis-je pour faire changer l'ensemble des unités opérationnelles, des usines, des filiales sur mon sujet ? Pour modifier leurs attitudes et leurs manières de travailler ? Alors que je n'ai personne ou presque avec moi, qu'elles sont multiples et que je suis seul ? Bien sûr, j'ai intéressé les correspondants de ma fonction en place. Mais que répondre à un directeur d'unité qui me rétorque (évidemment en public) : « *Le siège propose, les opérationnels disposent !* »

Comment faire pour travailler avec des directeurs opérationnels pour qui tout est facultatif, parce qu'ils sont responsables de leur compte de résultat et qu'ils prendront uniquement ce qui les intéresse ? Comment leur demander de mettre des ressources à disposition, de contribuer, de mettre en œuvre ? Et qui peut le leur demander ? Il n'y a qu'une personne, bien sûr : le directeur général !

Tentons notre chance :

> ### Faire demander… mais quoi ? De l'obéissance ?
>
> *« Monsieur le directeur général, j'aimerais que vous disiez à vos directeurs d'unités opérationnelles qu'ils doivent travailler avec moi et m'allouer les ressources nécessaires pour réaliser les objectifs que vous souhaitez atteindre…*
> *– Vous plaisantez ! Je vous ai nommé pour quoi, à votre avis ? Pour faire le boulot ! Pas pour embêter le monde ! »*

Peu de directeurs généraux vous suivront, si vous leur demandez d'imposer quoi que ce soit. La responsabilité des unités opérationnelles est souvent érigée en dogme. La responsabilité s'affirme par une exigence de résultats, jamais de moyens. Faire allouer les ressources aux unités, leur demander d'appliquer des méthodes, leur demander même de travailler ensemble sera vécu comme une déresponsabilisation. Donc ira contre le dogme.

Pourtant, vous avez incontestablement besoin de l'appui d'un pouvoir hiérarchique qui légitime votre action. Comment le trouver ? Il faut être plus fin que cela et identifier une véritable incitation qui mettra les patrons des unités opérationnelles en mouvement.

> ### Un reporting…
>
> *« Monsieur le directeur général, vous m'avez nommé responsable de ma fonction ; vous aimeriez peut-être intégrer un point d'avancement mensuel des unités dans votre reporting pour en piloter l'avancement ?*
> *– Oh non, vous savez, je vous fais confiance… J'ai bien d'autres chats à fouetter… »*

Stop, c'est perdu. Il faut absolument un « oui » quelque part, une ambition, une volonté affichée par le grand patron et qui s'impose à tous. Quelle que soit la fonction que vous animez, finances, ressources humaines, achats, qualité, juridique, déontologie, etc.

Des objectifs de résultats...

« *Quels résultats attendez-vous des achats, Monsieur le directeur général ?*
Un, deux, dix millions d'économies ?
— *Dix millions, bien sûr, ma chère Madame Achats... (évidemment !)*
— *Très bien, Monsieur le directeur général... Je vais donc travailler avec*
les unités opérationnelles pour économiser ces dix millions et...
— *Ah non, n'allez pas embêter les opérationnels avec ça, ils ont d'autres*
priorités ! »

Re-stop, vous n'arriverez à rien. Vous allez peut-être renégocier le prix des fournitures de bureau, celui des téléphones et de l'électricité du siège central... Mais vous n'arriverez pas à faire les économies escomptées. En effet, les économies se nichent évidemment au même endroit que les dépenses : dans les unités opérationnelles. C'est un oui, qu'il faut obtenir, oui à tout prix.

Vous allez donc quantifier beaucoup plus précisément les économies accessibles, au siège et dans chaque unité, mettre les enjeux en exergue, les faire confirmer par les directeurs d'unités. Puis vous retournerez donner au directeur général une image de la réalité pour le convaincre.

L'atteinte d'enjeux qui ne laissent personne indifférent...

« *Ah bon, il y a tout ça à gagner ? Mais alors, il faut que tout le monde*
s'y mette !
— *Ah oui, vous avez raison, Monsieur le directeur général... Il faut que*
tout le monde s'y mette, c'est exactement cela... Je vous propose donc
de diffuser la note suivante : "La direction des achats aura pour
objectif une économie de dix millions d'euros dès cette année. Elle
s'appuiera pour cela sur les ressources des unités, qui réaliseront ces
économies, les intégreront dans leur budget et rendront compte à ce
titre de leur réalisation."
— *Ah bon ? Vous croyez que c'est nécessaire ?* »

Nécessaire ? C'est tout simplement vital, comme l'était la petite phrase du projet stratégique de Monsieur Qualité. Cette note légitime son travail en réseau, inscrit son travail et celui de son réseau dans le quotidien réel de l'entreprise. Elle l'impose à chacune des unités. Mieux : elle rend chaque directeur d'unité coresponsable de l'atteinte de ses propres objectifs ; chacun devra intégrer les économies dans son budget, c'est-à-dire en rendre compte.

Plus la volonté du directeur général est forte et ressentie comme telle, moins vous aurez besoin d'une « petite phrase » dans la note. Dans l'industrie, par exemple, les financiers s'en passent sans problème. De même dans l'automobile, où les objectifs des achats s'imposent à tous. Mais dans la plupart des cas, la volonté du directeur général n'est pas si forte qu'il souhaite y soumettre ses directeurs d'unités opérationnelles : la petite phrase s'avère alors essentielle.

Une remarque au passage : plus les objectifs sont ambitieux, plus les directeurs d'unités devront coopérer. Cela peut paraître paradoxal : vous n'avez pas de moyens propres, mais des objectifs élevés constituent votre première chance de succès, surtout si vous avez pu les aligner, donc faire en sorte qu'ils s'imposent à tous en même temps qu'à vous.

La petite phrase

Madame Méthodes est chargée d'installer le fonctionnement projet dans un très grand groupe. Son objectif est de décloisonner et de favoriser des développements communs dans une entreprise très procédurière et hiérarchique. Le directeur général a nommé des directeurs de projet sur des sujets transverses majeurs pour l'entreprise. *« Je suis là pour vous aider ! »*, dit-elle à chacun d'eux. *« Bien sûr, je suis prêt à entendre vos propositions... On se rappelle ? »*, lui rétorque gentiment l'un d'eux, Monsieur Projet. Et puis plus rien. Elle fait nommer des personnes par le directeur général, sur qui elle pensait pouvoir s'appuyer pour élaborer des méthodes de gestion de projet homogènes d'un projet à l'autre. En fait, ces personnes, devenues de grands pontes, lui tournent le dos. Comment rouvrir la porte ? Elle retourne voir son directeur général :

« Vous voudrez bien un tableau de bord, Monsieur le directeur général ?
– Euh... Si vous voulez... Pourquoi pas... Mais ne m'embêtez pas trop avec ça ! Et que cela ne prenne pas trop de temps non plus aux directeurs de projet ! »

> – *Non, non, bien sûr, je le ferai moi-même pour leur éviter tout travail supplémentaire, et je vous l'enverrai juste une fois par mois, ainsi qu'à l'ensemble de votre comité de direction. »*
>
> Dans le compte rendu officiel elle a écrit : « *Le directeur général souhaite un tableau de bord mensuel de l'avancement de chacun des projets.* »
>
> « *Bon ! Et comment je vais faire ce reporting ?* », s'interroge Monsieur Projet après avoir lu le compte rendu. « *Il te faudra juste un planning de ton projet, une évaluation des coûts, et une liste des points durs…* », dit Madame Méthodes naïvement.
>
> « *Ah bon… Ah oui, bien sûr, le directeur général a raison, c'est normal… Mais je n'ai pas ces données !*
> – *Pas de souci, je vais t'aider !* », propose-t-elle avec un sourire angélique… Elle a gagné !

Nous le disions dès le début de ce livre : la fonction n'a pas les moyens d'être un problème ; elle ne peut se positionner qu'en solution. Mais pour être solution, il faut que les opérationnels aient un problème. Le but est donc de trouver quel problème la fonction va pouvoir faire poser par leur propre hiérarchie, et qui les mette en mouvement dans la durée.

En réalité, vous allez employer une grande part de votre énergie à identifier et définir les meilleurs problèmes (ils évoluent avec le temps) à faire poser aux opérationnels, c'est-à-dire ceux qui apporteront la meilleure valeur ajoutée. Votre rôle sera de maintenir en permanence le juste équilibre de tension entre le problème venu d'ailleurs et ce que vous pouvez apporter aux équipes.

Si la tension est trop faible, on vous ouvrira la porte par amitié plutôt que par nécessité, et vous aurez du mal à apporter une valeur ajoutée réelle. Si la tension est trop forte, vous aurez du mal à fournir les méthodes et les moyens nécessaires. La construction de cet équilibre exige une écoute permanente de la réalité, de ce qui met les collaborateurs en mouvement, de ce qui les freine, et des ressorts de la direction générale. Raison de plus, quand vous démarrez dans une fonction, pour considérer cette écoute du terrain comme une part essentielle de votre mission, même si cela n'est écrit nulle part.

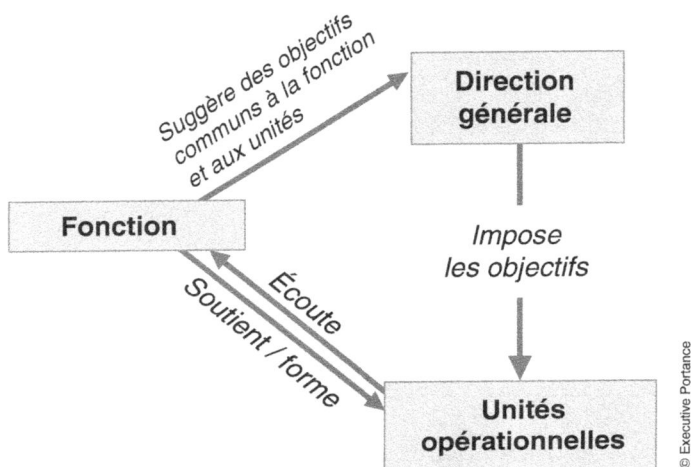

Soutenir et professionnaliser les opérationnels,
mais aussi faire aligner les objectifs.

L'ensemble des solutions apportées aux problèmes que vous aurez su faire poser pourront ensuite intégrer votre outil-modèle.

3.2. Donner à chaque directeur une vision de sa performance

Devenir l'expert personnel

Madame RSE a été nommée pour réaliser le rapport annuel RSE de l'entreprise. Cette première tâche terminée, elle commence à tourner en rond. Elle sent bien que les unités opérationnelles ne progressent pas au-delà des certifications traditionnelles sur le respect de l'environnement. Alors elle propose à chaque directeur d'unité opérationnelle de venir le voir pour faire un léger audit de la RSE chez lui. Elle rencontre en une journée les cinq ou six acteurs de l'unité qui comptent pour sa fonction, et retourne faire une synthèse au directeur en conclusion. Un à un, ses interlocuteurs se laissent convaincre. Ils construisent un plan de progrès avec elle. Certains de ses interlocuteurs deviendront ses correspondants. Ainsi, elle a lancé une dynamique pour construire son outil-modèle tout en soutenant les unités. Sa mission vient de se transformer en autorité : elle a désormais un rôle et une place.

Le fonctionnel ne peut pas accuser les unités opérationnelles d'être indigentes sur sa fonction : leurs limites constituent son fonds de commerce ! Il peut en revanche prendre une posture d'accompagnement de chaque directeur d'unité opérationnelle et lui donner régulièrement une vision :

- des enjeux associés à la fonction dans l'unité, par rapport aux résultats actuels ;
- des pratiques en place et de celles à mettre en œuvre pour réaliser les enjeux ;
- des modes de fonctionnement actuels et de ceux à faire progresser ;
- de la gouvernance de la fonction dans l'unité, en particulier des profils des correspondants.

Et définir avec lui un plan d'actions et de soutien par la fonction à l'unité.

En procédant de la sorte, le fonctionnel « donne avant de demander », comme nous le disions dans la Clé 3. Et, comme nous venons de le voir dans le cas précédent, il prépare en même temps la construction et l'appropriation de son outil-modèle et met son réseau en place.

3.3. Organiser des entretiens de progrès fonctionnels

La plupart des entreprises ont mis en place une dynamique d'entretiens d'évaluation annuels ou bisannuels (dits aussi « de progrès »). Le responsable hiérarchique reçoit chacun de ses collaborateurs pour passer en revue les objectifs de l'année écoulée, mesurer leur atteinte et la performance du collaborateur, fixer les objectifs de l'année à venir et identifier ses zones de progrès majeures.

Vous mènerez sans doute aussi de tels entretiens avec vos propres équipiers.

L'idée est de réaliser des entretiens analogues avec vos correspondants, qui ne vous rapportent pas hiérarchiquement, mais dont la performance influe directement sur la vôtre. Vous menez vos entretiens de progrès fonctionnels comme des entretiens de progrès hiérarchiques, d'une manière tout aussi rigoureuse, mais beaucoup plus décontractée.

Faire vivre la matrice

Monsieur Achats, basé au siège, n'a aucun pouvoir sur les acheteurs des unités opérationnelles. Pourtant, l'atteinte de ses objectifs passe entièrement par eux. Il propose donc aux directeurs d'unités opérationnelles, en accord avec la DRH, d'organiser – en toute transparence avec eux – des entretiens de progrès avec chacun de leurs responsables d'achats, ses correspondants dans les unités. Il les reçoit un à un, peut évoquer avec chacun ses réussites et ses faiblesses dans son métier, et préciser ses domaines de progrès en fonction de ses propres ambitions. Bref, Monsieur Achats devient un allié important pour la carrière de ses correspondants, qui vont l'écouter beaucoup plus désormais. À la fin de chaque entretien, Monsieur Achats envoie le compte rendu au directeur d'unité opérationnelle concerné, qui l'inclut dans le compte rendu de son propre entretien.

Nous le reverrons régulièrement dans les pages qui suivent : la meilleure manière d'entraîner toute personne humaine est de lui montrer qu'on s'intéresse à elle et qu'on a les moyens de s'occuper d'elle.

La crédibilité de tels entretiens est évidemment renforcée par l'accord des directeurs d'unités opérationnelles (non obligatoire cependant). L'expérience montre qu'il n'est pas difficile à obtenir. S'ils peuvent refuser de voir leurs propres collaborateurs détournés de leur mission chez eux et s'absenter pour participer à vos propres réunions, ils n'ont en général pas d'objection à ce que vous vous occupiez d'eux, surtout si vous le faites en transparence. Au contraire, ils ont ainsi une appréciation d'une partie de l'activité du correspondant sur laquelle ils ont peu de visibilité.

Quant à la DRH, si elle n'a pas encore institué de tels entretiens de progrès fonctionnels, elle peut engager une action d'amélioration, mais rien ne vous empêche d'avancer sans elle, ou, plus diplomatiquement, de lui servir d'expérience pilote !

Nous ajoutons une telle grille d'évaluation en fiche technique à la fin du chapitre.

3.4. Un comité ? Encore un !

La création d'un comité est un événement on ne peut plus banal dans beaucoup de grands groupes. Ils sont légion et la « comitologie » sévit régulièrement : on y fait le ménage, car on s'y perd un peu…

Loin de vouloir faire un comité de plus et d'en inonder les entreprises de toute taille, il vous faut néanmoins réfléchir sur l'orientation stratégique et le pilotage de votre démarche. Les dialogues précédents se sont déroulés entre le responsable de fonction et son directeur général. Mais comment peuvent faire Monsieur Contrôle de Gestion, Madame Éthique, Monsieur Qualité ou Madame Achats s'ils n'arrivent pas à arracher ce fameux « oui » (ni même un « moui ») à leur patron ?

Comment faire passer de nouvelles orientations, prendre des décisions structurantes voire lourdes à mettre en œuvre ? Inscrire une colonne supplémentaire dans un benchmark est techniquement simple, mais souvent politiquement impossible ; faire voter un élément de part variable sur un sujet nouveau tient du prodige.

Faute de détenir le pouvoir de le faire, vous allez chercher à asseoir votre légitimité sur ceux qui ont ce pouvoir. C'est ainsi qu'assez naturellement, vous serez amené à proposer la création d'un comité ayant pour vocation le pilotage stratégique de votre sujet. Ce que le directeur général ne peut pas faire, un comité d'alliés peut peut-être le porter.

Le choix des membres de ce comité répond souvent à plusieurs contraintes :

- Contraintes d'ordre politique : la direction générale ne peut pas vous soutenir partout, mais elle sait désigner des personnes et vous orientera facilement vers untel ou unetelle.
- Contraintes d'ordre tactique : untel est respecté, influent et ses avis sont écoutés. Le faire monter avec vous dans le bateau peut être judicieux. Untel peut d'ailleurs être un directeur d'unité opérationnelle un peu sensibilisé au sujet (un peu suffit souvent, d'ailleurs : s'il en a la responsabilité, il ne devrait pas décrier votre fonction !).
- Contraintes d'ordre technique : untel sait de quoi on va parler, son apport peut être précieux.
- Contraintes de mise en œuvre : il peut être utile, voire malin d'y associer un ou deux candides qui ne manqueront pas de lever quelques lièvres – généralement de bon sens – lorsqu'il s'agira de déployer votre démarche.

Selon la culture et les us et coutumes de votre groupe, il vous sera peut-être utile de rédiger une charte de fonctionnement de votre comité :

- Finalités, raison d'être, modes de fonctionnement.
- Membres permanents et invités ponctuels.
- Fréquence des réunions : annuelle, semestrielle, etc.
- Comptes rendus, diffusion et validation. Là, soyez clair : vous êtes évidemment le secrétaire général du comité, c'est-à-dire que sous la conduite de son président vous convoquez et préparez les réunions, et surtout vous ne laissez à personne d'autre que vous le soin de rédiger le compte rendu.
- Communication et relais dans d'autres instances, par exemple pour faire acter la mise en œuvre auprès des fonctions support (la DRH pour une part de rémunération variable ; le contrôle financier pour l'intégration dans les reporting, les constructions budgétaires ou les classements divers et variés) et des directions générales d'unités. Là,

évitez de prendre la parole vous-même : les éminents membres de votre comité seront ravis de le faire. Cela tombe bien : ils sont beaucoup plus crédibles que vous vis-à-vis de leurs pairs, qui les suivront plus facilement qu'un « fonctionnel du siège » !

Le comité vous envoie le vent de sa légitimité dans le dos et vous ramez moins à contre-courant, les directeurs d'unités opérationnelles suivent leurs propositions ; vos correspondants dans les unités voient d'autant mieux qu'on s'occupe de leur sujet ; ils vous écoutent parce qu'ils voient qu'il se passe des choses. Ils apprécient d'être ainsi devenus, en quelques semaines, les porteurs d'une chance historique qu'attendait la maison et déploient petit à petit leurs ailes, leur action commence à se voir vraiment, et… ils progressent !

3.5. Susciter une émulation en retour

« *Nul n'est prophète en son pays* » – surtout pas un responsable de fonction transverse. L'idée est simple : se faire reconnaître comme un prophète à l'extérieur de l'entreprise pour y être reconnu.

Effet boomerang

Madame RSE est entrée au comité de direction du groupe. Mais elle est seule, sans aucun moyen ni ressource. Le directeur général parle avec emphase de la RSE (surtout à l'extérieur de l'entreprise), mais jamais il n'a accepté de signer aucune note pour l'aider. Un jour, elle rencontre un journaliste. Son titre – directrice de la RSE dans un groupe mondial – intéresse ce dernier, qui décide de faire un article sur elle, sa vie, son œuvre, ses convictions. De fil en aiguille elle se retrouve sur la couverture du magazine, qui précisément lance une campagne d'affichage dans les kiosques à journaux. Elle reçoit les félicitations du directeur général, et n'a plus de difficultés à mobiliser pour ses groupes de travail. Par un effet boomerang bienvenu, elle n'est plus seule.

Les médias, les conférences sont friands de professionnels au savoir-faire éprouvé. Des réseaux de professionnels existent pour chaque fonction. Chacune offre des tribunes formidables. La qualité, par exemple, en démarrant des projets de certification, voire en participant à des prix (que serait restée la fonction qualité, sans le secours des projets ISO et autres EFQM !). L'éthique, en faisant parler d'elle, à une époque où la bonne foi des entreprises est mise en doute. La technique, les méthodes, à travers les colloques qui les portent. Les achats, en organisant des conventions fournisseurs ou des journées techniques avec eux, etc.

Mettre en scène ses enjeux pour l'entreprise

Monsieur Achats a été recruté à l'extérieur. Sa fonction est considérée comme subalterne. Il ne fait même pas partie du comité de direction, alors qu'il représente 70 % du chiffre d'affaires de l'entreprise. Il décide d'organiser une convention fournisseurs, à laquelle il invite leurs dirigeants. Il met sur pieds une remise des prix pour les meilleurs fournisseurs. Il invite les membres du comité de direction de son entreprise (tous ses supérieurs, donc), pour remettre les prix, il aide chacun à préparer un discours volontariste sur les achats. Les dirigeants sont trop heureux de participer à des manifestations réunissant leurs homologues d'entreprises parfois plus grosses que la leur… Et ils répondent présents.

Les achats ont fait un pas de géant dans l'entreprise : leurs enjeux présentent un véritable intérêt pour les directeurs !

Fiche technique 5
Entretiens de progrès fonctionnels

Nom du correspondant fonction dans l'unité opérationnelle :

Fonction concernée :

Nom du responsable de la fonction :

Sujets	++	+	–	– –	Commentaires
Expertise sur la fonction					
Créativité, capacité à trouver des solutions					
Capacité à travailler en équipe					
Contribution à la fonction					
Leadership personnel dans le réseau de correspondants					
Contribution au progrès de la fonction dans l'unité					
Capacité à travailler en multiculturel, langues, etc.					
Autres (préciser)					

Signature du correspondant :

Signature du responsable de la fonction :

Signature du responsable hiérarchique :

Clé 7

Mettre en marché

> « Voulez-vous passer le reste de votre vie à vendre
> de l'eau sucrée, ou voulez-vous changer le monde ? »
> Steve Jobs (1955-2011)

1. Rallier le plus grand nombre

Vous avez mis les correspondants de votre fonction en route et produit avec eux l'outil-modèle nécessaire au progrès (**Clé 5**). Puis vous
avez accroché votre fonction « tout en haut » de l'entreprise, l'avez
intégrée à ses pratiques managériales. Les directions opérationnelles
se mettent en mouvement à leur tour sur votre sujet (**Clé 6**).

Mais cela ne suffit pas encore. Vos correspondants et leur hiérarchie
« roulent pour vous » (ou du moins avec vous), mais les dizaines, les
centaines, les milliers de collaborateurs opérationnels n'ont encore
rien vu. « *La qualité ? C'est l'affaire de la direction qualité !* » ; « *Les
achats ? Que la direction achats s'en débrouille !* » ; « *La déontologie ?
C'est l'affaire de la direction RSE !* » ; « *L'innovation ? Que la R&D
bosse !* » Jusqu'à l'affirmation surréaliste, mais hélas encore beaucoup
trop répandue : « *Le management ? C'est l'affaire de la DRH !* »

Il suffit d'être passé par une fonction pour savoir que… ces visions
sont très réductrices. Du reste, quelle entreprise accepterait de confier
50 à 70 % de son chiffre d'affaires (tel est le montant des achats dans

une entreprise industrielle) à 1 % de ses collaborateurs (les acheteurs sont rarement plus nombreux) ? Quel groupe tolérerait de confier la qualité de ses services ou de ses produits à une poignée de collaborateurs (ils sont encore moins nombreux que les acheteurs) ? Qui oserait dire qu'un individu seul, même directeur de la RSE, est comptable des actes et des comportements de l'ensemble des collaborateurs ? Qui peut imaginer s'en tenir aux inventions des seuls chercheurs ou marketeurs et se priver des bonnes idées de l'ensemble des collaborateurs ? Sans parler du management…

Achats, qualité, déontologie, ressources humaines, innovation, etc. : la fonction est là, en faisant « tourner » son outil-modèle, pour bâtir et faire appliquer des règles, pour structurer des méthodes et des outils utiles, pour capitaliser sur de meilleures pratiques, pour professionnaliser des personnes et des manières de travailler collectives. Chacun dans l'entreprise doit porter sa déontologie ; chaque collaborateur doit agir dans l'intérêt du client, même si les collègues d'à côté font différemment… Chaque collaborateur doit intégrer les processus d'achat dans ses relations avec des fournisseurs ; chacun aussi est porteur d'innovation, donc du futur de l'entreprise. Et chacun, évidemment, dispose d'un pouvoir managérial considérable, souvent bien plus qu'il ou elle ne l'imagine.

La cible ultime de la fonction, ce sont les collaborateurs. Vous comptez sur vos correspondants pour les mettre en mouvement : mais ceux-ci ont les mêmes limites que vous. Ils sont certes plus proches de leurs collègues, mais n'ont pas plus de pouvoir sur eux que vous-même. Vous savez bénéficier de l'appui des directeurs d'unité opérationnelle, parce que vous avez su les y intéresser. Mais vous savez aussi qu'ils ont des priorités par-dessus la tête, qu'une urgence chasse l'autre et… que votre sujet risque fort de se trouver noyé la plupart du temps.

Alors comment faire pour atteindre chaque collaborateur de l'entreprise et l'entraîner à son tour ? Comment faire pour que votre sujet s'intègre peu à peu dans le quotidien de chacun ?

© Groupe Eyrolles

Nous allons pour un temps quitter le mode managérial, les injonctions, les objectifs, les reportings. En effet, il ne s'agit plus de cela, mais de faire comme tous ceux qui lancent un produit ou un service nouveau sur le marché : vous allez créer la mode, la tendance, communiquer, mobiliser autour de votre sujet, à travers tous les canaux utiles, et de la manière qui s'avérera la plus efficace dans votre entreprise. Car à présent vous avez quelque chose à vendre – ou plus précisément à faire acheter – beaucoup plus qu'à imposer, puisque généralement vous n'avez aucun pouvoir sur quiconque, et qu'en plus, même si vous aviez le pouvoir, vous ne pourriez pas tout contrôler.

Et attention : il ne s'agit pas de conquérir un ou deux pour cent de part de marché, mais d'entraîner une masse critique de collègues et collaborateurs dans l'aventure de la fonction, c'est-à-dire 30 % au moins !

2. Vendre la fonction et les leviers correspondants

Pourquoi, dès qu'il s'agit de vendre à ses collègues, oublie-t-on ce qu'on applique systématiquement quand on veut vendre à des clients ?

Chacun se souviendra de ses cours de marketing ou de ses lectures sur le sujet, et des bons vieux 4P : Produit, Prix, Promotion et Place. Pourquoi ne pas les avoir à l'esprit lorsque se pose la question du déploiement de votre outil-modèle et de sa « mise en marché » en interne ? Comment faire savoir que vous avez quelque chose à leur proposer ? Comment faire savoir que vous avez des outils qui peuvent réellement leur rendre des services ?

2.1. Le produit

Le produit est sans doute ce qu'il y a de plus simple : votre approche méthodologique, votre outil-modèle, votre savoir-faire vous apparaissent clairement, vous savez ce que vous avez à vendre. D'autant que vous avez construit votre outil-modèle avec les unités opérationnelles elles-mêmes, et en vous basant sur leurs pratiques.

Oui, mais… nous avons tous rencontré des cas analogues de méthodes et de démarches retoquées ou qui ne passent pas.

Pas de précipitation !

Le départ de plusieurs commerciaux de talent a incité le patron à recruter un professionnel des ressources humaines. Madame RH est arrivée avec tout l'arsenal des ressources humaines, qu'elle pratique depuis longtemps. Sa nouvelle entreprise, constituée d'une dizaine de bureaux d'import-export à travers la planète, n'avait encore jamais structuré la fonction ressources humaines. Madame RH déploie rapidement tout son savoir-faire : entretiens d'évaluation annuels, entretiens de carrière, mise en place de coaching, cohésion d'équipe, etc. Les managers des bureaux se sentent dépossédés et s'en plaignent au directeur général dans une belle unanimité. À l'issue de sa période d'essai, Madame RH est invitée à quitter l'entreprise.

Avant de faire, prenez le temps de tester le degré d'acceptabilité de l'outil-modèle et des actions qu'il induit, par des opérationnels. Écoutez, comme un vendeur écoute ses prospects. Quels sont leurs besoins, leurs enjeux ? Et puis, comme nous le disions dès la Clé 1, quelles sont leurs frustrations, leurs peurs, leurs ambitions ? Chacune constitue, pour vous, un moteur. Votre but ensuite sera de montrer en quoi votre outil-modèle peut répondre à ces attentes.

Oups !

« Connaissez-vous la norme WX 4 ? », demande Monsieur Méthodes à l'assemblée devant lui en se frottant les mains de plaisir. Évidemment personne ne sait. « Je vais vous expliquer, c'est vraiment important… » Au bout de trois minutes, certains sortent avec leur portable, d'autres se mettent à discuter.

Recommençons. Vous avez écouté, vous avez entendu, dites-le. Vous ne portez plus seulement une expertise et le meilleur outil-modèle du monde, vous êtes riche surtout de la confiance que tous vos interlocuteurs ont placée en vous, en vous divulguant leurs soucis et leurs espoirs.

La posture

« Je suis venu vous voir, je vous ai écoutés. Vous m'avez fait part de vos sujets de frustration : les nouveaux produits qui ne sortent pas toujours à temps, les allers-retours d'un service à l'autre parce qu'on n'arrive pas à faire "bien du premier coup", les non-qualités, l'impression que "les autres ne font pas leur boulot". La nouvelle fonction qualité est là pour vous aider à éviter ces difficultés. »

Votre produit est d'abord dans votre valeur ajoutée, la solution que vous proposez. On sera beaucoup plus enclin à vous écouter et à vous suivre. Même si l'on doit y mettre du sien, l'espoir d'un mieux-être vaudra mieux, aux yeux de beaucoup, que ces frustrations usantes charriées par le quotidien.

Enfin, si vous le pouvez, repérez quelques collègues de confiance, recrutez quelques entités pilotes pour tester votre outil-modèle, comme nous le suggérons à la **Clé 3**.

Le premier intérêt évident est de pouvoir vérifier en réel que votre outil-modèle fonctionne, et qu'il intéresse. Il suffit parfois d'un rien, d'un détail, d'un tableau écrit trop petit, d'une *slide* trop chargée, d'un mode d'emploi pas clair, pour gâcher un outil génial.

Vous pourrez aussi faire de ces pilotes des ambassadeurs et des avocats de votre produit. Le jour où le directeur général décidera de dire un mot de votre fonction en réunion plénière, ne dites rien vous-même : faites parler ceux qui ont utilisé votre outil-modèle. On n'a jamais trop d'opérationnels prêts à témoigner devant leurs pairs : ils sont infiniment plus crédibles, simplement parce qu'ils sont des leurs.

2.2. Le prix... et la valeur

En première approche, on peut penser qu'il n'y a pas de question sur ce point. En effet, dans la mesure où il s'agit d'un transfert de savoir-faire entre les entités concernées et vous, la notion de prix ne se pose pas.

Oui, mais… quels sont les coûts induits par la fonction ? Combien de collègues des unités opérationnelles vont devoir travailler pour la fonction ? De quel niveau ? Combien vont y contribuer, à quelle part de leur temps ? Vous allez sans doute demander des reportings de résultats (ne serait-ce que pour figurer au benchmark, voir la **Clé 6**). Quel prix les unités vont-elles devoir payer ?

En outre, dès lors que vous faites appel à des intervenants extérieurs (par exemple des experts ou des consultants pour des études de marché, des analyses, des audits ou des formations), la question du prix se pose. Il doit être acceptable et accepté par les entités, surtout lorsque c'est vous qui les sélectionnez pour le compte du groupe et qu'ils interviennent après dans toutes les unités. Le prix doit donc être justifiable et justifié, sinon c'est votre propre crédibilité qui est remise en cause.

Certains groupes instaurent en plus des règles de facturation internes. Les achats gèrent vos achats généraux et vous facturent leur prestation ; la direction juridique monnaye ses interventions ; etc. Aussi puissant, complet, cohérent, etc., que puisse être votre produit, il faudra sentir quel niveau de coût est raisonnable.

Au-delà du prix, c'est sans doute la valeur qu'il vous faudra documenter : qu'apportez-vous réellement ? Quelles synergies la direction des systèmes d'information va-t-elle réaliser ? Quelle mutualisation va induire la direction des achats, quelles économies, quelles non-pertes ? Que va apporter une fonction innovation, entre les fonctions de R&D, de marketing et de production ? Quelles bêtises la fonction juridique va-t-elle éviter ?

> ### Vouloir bien faire…
>
> Monsieur Juridique a été nommé pour structurer les relations entre les bureaux d'études et les fournisseurs. Les techniciens de l'entreprise sont très ouverts, beaucoup trop naïfs. Leurs fournisseurs ont breveté certaines de leurs idées à leurs dépens… Le prédécesseur de Monsieur Juridique n'intervenait qu'au coup par coup, sans systématisme. Lui s'invite donc

partout. Il demande des interruptions de séance, explique les graves menaces qui pèsent sur le bureau d'études s'il divulgue telle idée ; il reporte des réunions ; il exige des séances de préparation, écrit des notes menaçantes, interdit… tant et si bien qu'au bout de deux mois, les techniciens ne veulent plus le voir. La fonction juridique était insuffisante. À force d'être omniprésente, elle est devenue indésirable.

Non seulement la fonction n'a pas apporté sa valeur ajoutée (qui pouvait être réelle), mais en plus elle a détruit le « coup par coup » préexistant.

Toute fonction constitue un centre de coûts pour l'entreprise. Il ne faut jamais l'oublier. Les unités opérationnelles contribuent à son entretien, selon une clé de répartition donnée. Une fonction coûte ; si en plus elle pose des problèmes (parce qu'elle demande trop) et ne crée pas de valeur visible… elle aura du mal à survivre.

2.3. La promotion

Au-delà de l'exigence du directeur général, que nous avons tenté de lui faire exprimer ou confirmer dans la **Clé 6**, il s'agit de faire mouche auprès du plus grand nombre. Votre indicateur ici est simple : combien de personnes hors de votre fonction auront retenu le sens de votre projet au point de pouvoir l'expliquer ?

Là, nous voudrions simplement vous rappeler la force d'un slogan, d'un acronyme, d'un mot affirmé comme support, soutien, emblème de votre action. Comme pour une offre commerciale, une marque, une campagne électorale, etc., il vous faut trouver l'expression qui va incarner la transformation culturelle. Elle va largement vous simplifier le travail et faciliter la mémorisation de votre valeur ajoutée.

On se souvient du « SBAM » (Sourire, Bonjour, Au revoir et Merci) que toutes les caissières devraient pratiquer chez Carrefour.

On se souvient aussi de la puissance du « 48 heures chrono », lancé par la fonction logistique de La Redoute. L'entreprise en a fait un slogan de vente différenciant sur le marché, à l'heure où il fallait souvent plus de trois semaines pour honorer une commande. Mais l'impact a aussi été fort en interne : de la prise de commande à la gestion des stocks, de la constitution des colis au système d'informations et à la livraison, il a rallié l'ensemble des énergies autour d'un objectif commun contre lequel personne ne pouvait valablement s'opposer : le client. Il a aussi donné à l'entreprise une avance considérable sur le marché.

Un nom bizarre

Monsieur DSI, le directeur des systèmes d'information, doit changer les postes de travail de toute l'entreprise. Quel nom va-t-il choisir ? Changement des Postes de Travail : C.P.T. ? ChanPoTra ? S.I.-G2, comme « deuxième génération » ? Pas bien exaltant… « *Pour un projet qui va embêter tous les opérationnels*, se dit Monsieur DSI, *il faut un nom fort.* » Pourquoi changeons-nous tous nos postes de travail ? On y est obligé, soit. Pour être meilleurs, certes. Monsieur DSI repense aux problèmes des postes existants, leurs dysfonctionnements, le langage abscons des techniciens, les problèmes de mise en réseau. « *Éliminer les bugs : voilà notre ambition* », se dit-il. Il en parle chez lui le soir, et son fils de dix ans fait le reste. Le projet s'appellera Termina-tor. Termina-, comme terminal, Termina-tor, pour en finir avec les bugs et les zinzins d'un autre âge. Termina-tor pour affirmer haut et fort qu'on gagnera et qu'on sera des héros, avec juste un zeste de dérision au second degré. Termina-tor sera un succès.

L'objectif, surtout lorsqu'il s'agit de mobiliser très loin au-delà de son propre pouvoir, est toujours de donner l'impression de fédérer sur de l'exceptionnel, de l'aventure et du rêve, y compris si cela demande du travail.

Un slogan puissant allie deux dimensions : le Quoi (le contenu, ce qu'on veut porter) et le Comment (comment on va faire pour y parvenir). Monsieur Contrôle de Gestion de la **Clé 5** avait imaginé définir ainsi sa valeur ajoutée pour l'entreprise : détecteur d'opportunités. Son slogan couvrait à la fois, et de manière claire, le Quoi (trouver des opportunités) et le Comment (en les détectant, donc forcément en analysant les chiffres et en étant à l'écoute active des unités opérationnelles).

Le slogan constitue l'un des éléments clés du marketing. Force est de constater pourtant qu'il est fréquemment utilisé pour vendre à l'extérieur, rarement en interne (hormis pour quelques grands projets), et quasiment jamais pour faire acheter l'action d'une filière fonctionnelle en interne.

Ce slogan peut être complété par une « *base line* » indiscutable et de bon sens, qui vient renforcer la légitimité de votre fonction et l'impact de votre action.

2.4. La place

La mise en œuvre de votre produit se passe évidemment dans les entités, au travers de la filière fonctionnelle dont vous assurez l'animation.

Les lieux de faire savoir et de promotion, eux, sont nombreux et peuvent revêtir des formes très variées : réunions d'information, de présentation, grandes réunions plénières, formations générales ou spécifiques, etc. Toutes ces modalités font partie des moyens que vous mettez en œuvre pour accompagner le déploiement de votre produit. Ce qui nous intéresse ici, c'est de savoir comment toucher l'ensemble des collaborateurs du groupe pour qu'un plus grand nombre ait *a minima* entendu parler de votre outil-modèle et mémorisé notre slogan.

Sans bien sûr avoir la prétention de l'exhaustivité, on peut citer pêle-mêle :

- L'Intranet, où « tout y est », mais personne ne sait exactement où et comment trouver ce qu'il cherche. La question est « *comment je me rends visible ?* » plutôt que « *dois-je y être présent ?* ».
- Le journal interne du groupe, où l'on peut faire régulièrement parler de son produit, des résultats obtenus, des progrès réalisés et des événements associés à une action. Un point important : faire

parler les utilisateurs opérationnels de la fonction produit toujours beaucoup plus d'effet que l'affirmation de ses convictions
par la fonction elle-même.

— Les parcours maison : ceux pour accueillir les nouveaux embauchés et leur faire mieux connaître le groupe, parcours destinés aux
futurs cadres, sans oublier les parcours pour les futurs dirigeants.
Ne manquez pas l'occasion de faire connaître votre fonction lors
de tous ces parcours. Ils jouent un autre rôle : celui de donner
envie aux collaborateurs. L'attrait d'une fonction constitue du
reste un indicateur d'efficacité de la fonction. Mieux vaut être
reconnu comme un tremplin pour la carrière que comme un
mouroir.

— La création d'une « messe » spécifique pour dirigeants ou d'une
séquence dans une instance existante où vous aurez le temps de
passer les messages à tous en une seule fois ; une sorte de rite
semestriel ou annuel.

Pour terminer, vous pouvez aussi imaginer un challenge entre les
unités opérationnelles, un prix remis à celle qui aura le mieux réussi
sur tel ou tel axe de votre fonction.

Cela sera d'autant plus facile à organiser que vous aurez inclus dans
votre outil-modèle une métrique permettant de quantifier le qualitatif, comme nous l'avons vu à la **Clé 3**.

Un concours…

Monsieur Qualité a organisé un concours entre les unités : son outil-
modèle, construit avec des correspondants opérationnels, constitue un
référentiel d'excellence. Il a organisé un audit interne et classé les unités
entre elles. Il a fait annoncer les résultats par le directeur général (un directeur général refuse rarement de remettre un prix…) en assemblée des
directeurs d'unité opérationnelle. La meilleure équipe a gagné une
semaine de mission d'étude chez un confrère outre-Atlantique.

Quoi de mieux pour créer l'événement et susciter une saine émulation au sein de l'entreprise ?

3. Vos leviers : mettre en place et faire vivre une spirale vertueuse auto-entretenue !

Si vous avez pu :

- trouver le bon outil-modèle, qui permette de progresser dans la résolution du problème soulevé par le directeur général, avec la bonne stratégie de déploiement (**Clés 3** et **4**) ;
- trouver la bonne manière de faire affirmer l'exigence au seul niveau où elle s'impose à tous (**Clé 6**) ;
- positionner vos correspondants des unités opérationnelles comme des soutiens dans la réponse à l'exigence (**Clé 5**) ;
- identifier les bons arguments de vente à l'ensemble des collaborateurs (**Clé 7**).

Alors vous avez installé une dynamique vertueuse dans l'entreprise. Cette dynamique est d'autant plus vertueuse qu'elle s'auto-entretient, selon le schéma suivant :

Fixation d'objectifs Année N + 1

Mesure officielle des résultats, capitalisation, émulation

Prise en charge des progrès

Fixation d'objectifs Année N

Relais de l'exigence par les directeurs d'unité

Installer une spirale vertueuse auto-entretenue.

Concrètement :

- Vous mesurez l'état d'avancement de l'outil-modèle dans chaque unité opérationnelle, ainsi que les écarts avec les référentiels que vous voulez mettre en avant.

- Du coup, vous pouvez assez naturellement suggérer de faire intégrer aux objectifs annuels du directeur de l'unité, une exigence de progrès sur votre fonction.

- Le directeur de l'unité va relayer, là encore assez naturellement puisqu'ils figurent parmi ses objectifs, les résultats à atteindre par son unité. Il va fixer lui-même les objectifs de progrès de l'unité.

- Les collaborateurs de chaque unité opérationnelle vont prendre en charge les actions de progrès, aidés par votre correspondant dans l'unité (que vous aurez préalablement informé et outillé pour cela).

- À la fin de l'année, on mesure les résultats atteints, les met en perspective, les discute, les met en scène pour inciter à la capitalisation des bonnes pratiques et susciter l'émulation entre les unités.

Et ainsi de suite, année après année. Vous et eux faites vivre la dynamique, mais vous n'avez plus à l'inventer et à la mettre en place. L'unité a trouvé son rythme… sur l'outil-modèle que vous avez construit.

Vous pouvez vous atteler en même temps (puisque l'auto-entretien de la spirale vous en libère) à mettre en place une nouvelle dynamique sur d'autres sujets, à partir d'autres outils modèles…

C'est d'ailleurs une nécessité, comme nous le verrons dans la Clé 10 : il n'est jamais bon, pour une fonction, de se contenter de gérer une spirale existante, aussi vertueuse soit-elle. Elle doit sans cesse créer du neuf. La tendance évoquée tout au long de cette **Clé 7** ne reste jamais très longtemps à la mode…

Fiche technique 6
La construction d'un slogan

Il faut parfois oser réinventer la roue, fût-elle de Deming !

Dans le monde industriel, tout le monde la connaît. Dans le contexte de ce grand groupe, la roue de Deming et son vocabulaire ont paru très rapidement inappropriés. Il fallait trouver autre chose, tout en conservant le bon sens du PDCA et en trouvant un vocabulaire, un nom à la fois simple et accessible, mais aussi porteur de sens.

L'équipe centrale a constitué un groupe de travail avec quelques directeurs qualité de structures régionales ayant tous une certaine avance à la fois de réflexion et de méthode, par rapport au groupe.

Un premier mini-recensement des différents outils, qu'ils utilisaient dans leurs structures respectives, a fait apparaître un besoin de classification, à des fins aussi de clarification. Trouver les trois ou quatre grandes familles d'outils est devenu l'objectif. Quatre familles, quatre catégories d'action comme les 4 phases du PDCA, cela devenait séduisant…

Le groupe de travail a créé une première famille, un premier ensemble de dispositifs Qualité centrés sur l'écoute des clients. La première chose à faire, dans toute démarche de progrès, est d'écouter ses clients, chacun à son niveau, chacun (ou presque) ayant des clients, qu'ils soient externes à l'entreprise, ou internes. La première phase de la roue vise donc à *écouter*.

La deuxième, fort des résultats de cette écoute, est de transformer ces résultats en actions dont il convient de *piloter* la réalisation.

La troisième consiste comme toujours à *mesurer* les progrès réalisés et l'efficacité des actions afin de corriger éventuellement le tir.

Enfin, pour éviter l'effet feu de paille, il faut capitaliser sur les bonnes pratiques, voire les normaliser et les déployer. La quatrième phase serait donc *normaliser*.

Ils sont donc arrivés à l'enchaînement suivant :

1. <u>É</u>couter ses clients
2. <u>PI</u>loter le plan d'actions
3. <u>ME</u>surer les progrès
4. <u>NO</u>rmaliser les bonnes pratiques (et recommencer à écouter)

E-PI-ME-NO, EPIMENO était né. Ce sigle un peu étrange est devenu un véritable slogan, « le » slogan de la démarche de progrès du groupe. Simple, facile à expliquer à tous les niveaux des structures, l'EPIMENO, par son bon sens et la facilité à le mémoriser, s'est répandu très vite dans tout le groupe.

Par le plus grand des hasards, une helléniste distinguée a reconnu le verbe grec *epimeno*, qui signifie « continuer, persévérer » ! Pour une démarche de long terme, où les effets mettent plusieurs mois ou années à se faire sentir, qui pouvait rêver mieux ? Le hasard fait parfois bien les choses.

Clé 8

Célébrer les succès !

« Vaincre n'est rien, il faut profiter du succès »
Napoléon Bonaparte (1769-1821)

« Vu du fond du puits, le ciel est bien petit »
Proverbe chinois

1. Un double enjeu : baliser le terrain parcouru et créer de la dynamique

Nous l'avons vu tout au long des sept clés précédentes : votre but de fonctionnel, c'est d'installer une dynamique autour de votre fonction, en jouant de vos leviers techniques et politiques sur des points d'appui solides. Nous avons trouvé trois points d'appui principaux dans cette seconde partie :

▸ l'envie de vos correspondants des unités opérationnelles, qu'ils vont communiquer à l'ensemble de la base opérationnelle ;

▸ l'exigence portée par le haut ;

▸ le vent de la mode pour intéresser et mobiliser tous ceux qui doivent « acheter » votre fonction.

Nous allons en aborder un quatrième, trop souvent oublié, parce que la fonction le construit pour une fois elle-même : la célébration de ses propres succès.

> ### Allez ! On continue !
>
> Monsieur Fonction a organisé un séminaire de cohésion en montagne avec son équipe. Une après-midi, il décide de les entraîner vers un sommet. Il marche vite, un premier groupe le suit tant bien que mal. À mi-pente, ils s'arrêtent, se rafraîchissent, croquent un pruneau. Le peloton les rejoint dix minutes plus tard, tout essoufflé. Monsieur Fonction range sa gourde, plaisante un instant, et lance : « *Tout le monde est là ? Bon, alors on repart !* » Les collaborateurs du second groupe s'affalent par terre en grognant. Non, ils ne repartent pas, ils tiennent à leur pause !

Tous les promeneurs ont vécu de tels moments en randonnée. On finit par en rire, évidemment, mais la plus jolie balade peut rapidement virer à la marche forcée. Il en est de même dans l'entreprise, quand les chefs confondent ce qu'ils *voient* avec ce que leurs collaborateurs *vivent*.

La célébration d'un succès produit deux bénéfices considérables :

– La construction d'un nouveau point d'appui, grâce à l'unité de vision que constitue la célébration. Fêter un succès, c'est officialiser qu'il existe et que tout le monde le voit. Cela constitue un point d'appui nouveau, sur lequel votre fonction va pouvoir capitaliser. Nous sommes arrivés là, on s'arrête pour que tout le monde le voie ; à présent, nous pouvons nous mettre en route et viser plus haut. Les points sur lesquels une fonction peut s'appuyer sont trop peu nombreux pour en négliger un seul. Évidemment on ne peut pas célébrer n'importe quoi. Mais ne rien célébrer constitue, finalement, un handicap.

– L'entretien de la dynamique à travers des ressorts humains. On le sait dans tous les sports du monde : un but, un panier, un maillot jaune en appellent un autre. Le succès engendre le succès. La réussite déteint, fait boule de neige, donne envie. Plus on réussit, plus on a envie de réussir davantage, comme au jeu, quand un premier gain encourage à tenter de nouveau sa chance. Célébrer un succès, c'est créer les conditions de cette envie. Quand on voit l'énergie nécessaire pour susciter l'envie (Clé 5), on comprend que toutes les occasions doivent être saisies !

Soyons francs : on n'a pas l'habitude de célébrer les succès. Les entreprises célèbrent les départs à la retraite (et même vers d'autres horizons) ; elles tirent les rois ; les patrons viennent présenter leurs vœux aux collaborateurs une fois l'an, généralement dans une ambiance festive, à la convivialité plus ou moins artificielle. Curieusement et de manière incroyable, on ne célèbre pas les succès, alors qu'ils portent infiniment plus de dynamique qu'une galette ou un départ !

Pourquoi ? Les patrons vous diront qu'ils sont pudiques ou bien superstitieux (il suffit qu'on célèbre une victoire pour qu'on ait une « tuile » le lendemain) ; qu'ils sont là pour identifier et résoudre ce qui ne va pas, et non pas ce qui va. Ils redoutent que puisqu'on a fêté quelque chose, les troupes ne s'arrêtent de travailler, et qu'il ne soit pas facile de les remettre au travail.

Il n'y a pas que cela. À mesure qu'on s'éloigne du terrain et que l'oxygène se raréfie, on tend au solipsisme (ce mot un peu pompeux signifie en gros prendre ses désirs pour des réalités. Étonnamment, ce terme reste très rarement utilisé, alors qu'il correspond pourtant à une pratique courante !). On voit loin, beaucoup plus loin, toujours plus loin. « *On fêtera ça quand on sera vraiment arrivé* ! », c'est-à-dire… jamais.

Ce faisant, on renonce au pouvoir dynamisant de toute célébration, ainsi qu'à un point d'appui simple, commode et solide.

2. La méthode : remarquer les succès, les marquer, les fêter !

2.1. Gare à la fuite en avant !

La fuite en avant constitue la pratique la plus couramment observée : on n'est jamais arrivé, on court sans cesse, et on pousse les collaborateurs à courir encore plus vite !

Tournez manège !

« Cela fait sept ans que j'ai lancé ce projet, annonce Monsieur Méthodes. Sept années, et on n'est toujours pas au bout. Nous avons des objectifs beaucoup plus sévères désormais, et il va falloir passer à la vitesse supérieure ! Il est pourtant formidablement motivant, ce projet ! » Pour Monsieur Méthodes, certainement. Mais comment lui expliquer : on est très las, après un marathon ; et c'en est un : sept ans, c'est un sixième d'une carrière. On a bien mérité de s'arrêter un peu pour regarder le chemin parcouru. Comment motiver quiconque à repartir pour un 3 000 mètres steeple à toute allure, quand il vient de parcourir un marathon ?

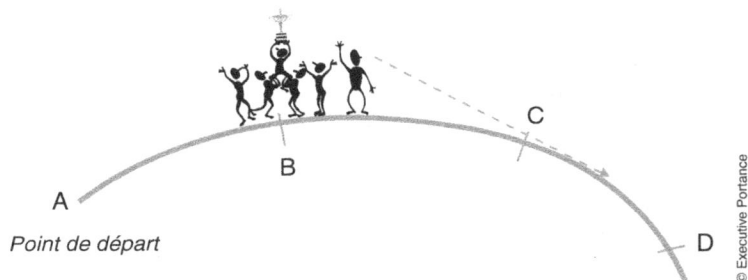

© Executive Portance

Fêtez les succès acquis pour valider la réussite…
et la dynamique en cours.

Votre constante de temps de responsable de fonction et celle du terrain diffèrent. Vous êtes focalisé sur le futur (et c'est normal, c'est votre raison d'être), sur C ou D que vous devinez à l'horizon. Les équipes viennent d'atteindre B. Vous les ferez avancer si vous partagez leur échelle de temps, au moins un instant. Avant de les mobiliser sur C, vous devez reconnaître qu'elles sont arrivées en B. Savourez avec elles et fêtez ce succès. Il faut profiter du soleil tant qu'il brille. Or il brille en B, même si l'on est encore loin du compte.

De toute façon, les équipes s'arrêteront, elles, comme dans le cas de la randonnée ci-dessus. Si vous les mobilisez sur C sans attendre, vous les entendrez renâcler : *« Encore ? Quand est-ce qu'il va nous lâcher les baskets ? »* Ou bien : *« Plus on en fait, plus il en veut. »* Vous risquez le décrochage. D'un côté, c'est flatteur : « *Avec moi, au moins, ils bougent !* » En fait, ce n'est qu'à moitié vrai : à ne pas venir vivre le succès avec eux, vous perdez aussi la maîtrise du temps qu'ils vont y passer. Si vous célébrez avec eux, au contraire, vous contrôlez le temps d'arrêt, et vous vous assurez de leur écoute pour la suite.

La communication de votre fonction compte en réalité deux composantes majeures : d'une part l'explication inlassable de votre outil-modèle, de ses enjeux et des principes à mettre en œuvre, comme nous l'avons vu plus haut, et d'autre part les (petits ou grands) succès.

2.2. Quels succès ?

Reconnaître l'effort, au moins…

Monsieur Technique est venu assister au démarrage d'une nouvelle usine de production (« assister à », ou « assister le » ? Vous lisez déjà l'ambiguïté). Les machines neuves ne marchent pas comme on voudrait, la ligne industrielle n'est pas étalonnée et va trop vite ou trop lentement. En même temps, au siège, le directeur général exige une montée en charge rapide de la production. Monsieur Technique harangue et vitupère, dit que ça ne va pas du tout, qu'il faut produire beaucoup plus, qu'on ne tiendra jamais les objectifs… Le directeur de l'usine n'a pas eu le cran de le mettre dehors. Alors là, séance tenante, le responsable de la production lui a rendu (physiquement) sa blouse et est parti.

Il arrive en effet que la situation soit catastrophique, tendue au possible, sans aucun signe porteur d'espoir. On ne va pas s'inventer des succès qui n'existent pas (ce qui n'empêche pas, néanmoins, de reconnaître au moins l'effort des équipes opérationnelles au travail).

Il n'empêche, on pense davantage à célébrer les succès dans de telles situations, après une tension extrême, que lorsque le progrès se fait en continu et quasi normalement.

Dans tous les cas pourtant, quand l'essoufflement devient perceptible, il faut faire une pause et regarder le chemin parcouru, pour mieux se persuader que le but suivant est accessible, vu ce qu'on vient de faire.

La question devient alors : quel succès puis-je donc célébrer ? Est-il suffisant pour qu'on le célèbre ? Là commence le danger : car non, jamais le succès n'apparaît suffisant. Oui, la route restant à parcourir semble tellement plus longue que le chemin parcouru.

La double spirale des victoires évoquée à la Clé 4 prend ici tout son sens : pour éviter de se faire prendre en flagrant délit de fuite en avant, mieux vaut avoir essayé de planifier ses succès à l'avance ; les avoir en tout cas repérés avant qu'ils ne surviennent, à un moment où ils sont assez lointains pour apparaître encore véritablement comme des succès. À mesure qu'on s'en rapprochera, ils perdront fatalement de leur lustre.

Des bulles pour une pépite, parce qu'elle cache une mine

Un autre Monsieur Technique, un autre démarrage de site. Le directeur de l'usine a demandé à ses troupes de venir travailler le samedi pour accélérer le démarrage. La veille, l'une des machines de conditionnement a fini par fonctionner. On est encore bien loin du compte, et la plupart des équipements ne fonctionnent toujours pas. Mais Monsieur Technique a décidé de rester le week-end. Le samedi matin, il est revenu… avec deux bouteilles de champagne. Il a interrompu les travaux pendant une demi-heure. Sans faire de discours, il a juste expliqué qu'il était fier de cette réussite et qu'elle en appellerait d'autres. Quatre jours plus tard, l'ensemble de la ligne tournait.

Ces exemples ne doivent rien à la technique, justement : il ne s'agit là que de dynamique humaine. On l'oublie trop souvent : les réussites sont avant tout humaines. Ce n'est pas en s'occupant des choses qu'on réussit : c'est en s'occupant des humains qui font les choses.

Si vous n'avez pas planifié vos « succès visibles » en amont, vous allez devoir les repérer sur le moment. Ce n'est pas simple, surtout si l'on considère le succès en tant que tel et qu'on est seul à juger : le succès apparaît généralement comme la suite logique des actions menées jusque-là, donc certainement pas comme une réussite.

Vous devez dans ce cas partir à l'envers : étant donné l'avancement actuel, quel événement puis-je valoriser pour accroître la dynamique et remettre du vent dans les voiles ?

Vous pouvez aussi demander autour de vous, à vos équipiers, si vous ne l'avez pas déjà fait, à vos correspondants, mais aussi aux directeurs des unités opérationnelles ou au directeur général, directement : « *Qu'avez-vous vu changer cette année, pour la fonction ?* » Ils répondront peut-être « *Rien !* », parce qu'ils sont cabots et veulent conserver un ascendant sur la question. Tout de suite après, ils partiront d'un éclat de rire avant de réfléchir plus sérieusement. Vous aurez en plus marqué un point supplémentaire : car si un autre sait identifier un succès, il saura le célébrer avec vous. Le chemin parcouru sera reconnu par un autre que vous. Le succès sera encore plus beau !

2.3. Comment célébrer ?

La question se pose en effet. À coup sûr, un mauvais coucheur vous dira toujours qu'il n'y a « vraiment pas de quoi faire la fête ». Vous devez rester cohérent. Organiser un séminaire d'une semaine à Tamanrasset ou aux îles Fidji pour la sortie d'un premier tableau de bord vous nuira plus qu'il ne vous rapportera.

Célébrer, c'est prendre le temps d'un mot, d'une parole, d'un geste qui sort de la grisaille, de l'uniformité de l'effort quotidien. Un geste sortant de l'ordinaire peut faire aussi naître des actions qui sortiront de l'ordinaire.

Jusqu'au merci final

Monsieur Stratégie a coordonné pendant deux ans une centaine de collaborateurs pour construire le projet stratégique de l'entreprise. Les actions ont été conduites, les réformes ont abouti, les résultats sont globalement atteints. L'aventure humaine se termine, ses combats, ses veillées nocturnes à plusieurs, chargés – au sens premier – de refaire le monde. Le directeur général les félicitera au cours d'une réunion de clôture…

Mais il aimerait un signe plus marquant, plus durable. Il choisit de faire réaliser une planche de bandes dessinées caricaturant l'entreprise, dédicacée pour chacun des participants. Dix ans plus tard, dans les directions du groupe où leur carrière les a menés, chacun continue à afficher sa planche encadrée...

3. Vos leviers : valoriser, encore et toujours

3.1. Les opérationnels en avant

Qui a gagné ?

Madame Achats est fière de son équipe centrale, car elle a dépassé ses objectifs de l'année : l'ensemble des unités opérationnelles du groupe a réussi à économiser une fois et demie autant que l'année précédente. Elle est interrogée dans le journal interne, se vante de « ses » résultats. L'article, qui devait encore amplifier sa gloire (donc le renom des achats dans le groupe) produit l'effet inverse. Les unités l'accusent d'avoir tiré la couverture à elle, alors qu'elles ont tout fait.

Que vous célébriez ou non vos succès, vous ne pouvez pas vous passer de communiquer vers vos trois cibles : vos correspondants, les managers d'unité opérationnelle (et au-delà), et les collaborateurs opérationnels. Cela fait partie de la nécessaire notoriété de votre fonction. Une présentation dans le journal d'entreprise constitue d'ailleurs une victoire en soi.

Là, il faut être cohérent. Vous avez pris, dès la Clé 1, une posture de service. Vous vous êtes positionné en solution, plutôt qu'en problème. En cas de réussite, à qui appartient-elle ? À tous, bien sûr, fonctionnel (vous !) et opérationnels qui ont résolu leur problème, atteint leurs objectifs, intégré les méthodes, etc.

Mais quel est votre intérêt ? Favoriser, encore et toujours, la dynamique humaine. En réalité, la réussite est celle des opérationnels : ils avaient le problème et l'ont résolu. Grâce à vous, peut-être (ou plus précisément ils auraient sans doute eu beaucoup plus de mal à réussir sans vous). Mais ils sont de fait les réceptacles de l'action que vous avez engagée avec eux : ils ont engrangé des économies supplémentaires, gagné des clients, mieux fonctionné en équipe, construit une bonne stratégie, mieux protégé leur propriété intellectuelle, agi de manière plus éthique, résolu leurs problèmes techniques, etc. Bref, ils ont gagné.

Et votre plus grand souhait est que d'autres, comme eux, gagnent à leur tour grâce à vous. C'est bien leur réussite qu'il faut mettre en avant pour donner envie à d'autres. Une unité opérationnelle sait se projeter dans une autre unité opérationnelle et souhaiter gagner comme elle, tandis que personne ne peut se projeter dans votre réussite.

Bref, les opérationnels doivent être mis en avant, jamais la fonction.

Quand on vous demande d'intervenir – sur l'Intranet, dans le journal interne, ou lors d'une présentation – n'hésitez pas à faire témoigner des opérationnels bien choisis :

- l'un de vos correspondants en unité opérationnelle, par exemple ;
- un directeur d'unité opérationnelle qui peut témoigner de l'importance de l'action sur ses propres résultats ;
- un ou deux collaborateurs d'unité opérationnelle : comment la nouvelle fonction leur simplifie la vie, leur permet de travailler plus efficacement, d'aller plus loin, etc.

… sans oublier le directeur général lui-même, bien entendu.

Vous renforcerez leur fierté, leur motivation, leur envie et celles de tous leurs homologues.

3.2. Les directeurs opérationnels en avant

Si vous avez pu ancrer certains indicateurs de l'outil-modèle de votre fonction dans le management de l'entreprise, comme nous l'avons décrit à la **Clé 6**, alors vous aurez de multiples occasions de célébrer des succès, à travers les progrès desdits indicateurs.

De la même manière, mettez en scène les responsables d'unité opérationnelle ayant obtenu les meilleurs résultats, par exemple en décernant un « prix annuel », un « challenge » comme évoqué à la Clé 7. Challenge qualité (la qualité cultive cette pratique depuis longtemps avec bonheur), achats, éthique, juridique, technique, stratégique, etc., toute fonction a matière à organiser de tels événements.

Les managers de terrain, les responsables opérationnels fonctionnent avec les valeurs du pouvoir hiérarchique. Ils aiment être distingués pour leurs résultats, gagner, être devant. Organisez une réunion entre eux, profitez d'un comité de direction où ils sont tous réunis pour annoncer leurs résultats, remettre une plaque, un cadre aux meilleurs. Vous ferez d'une pierre plusieurs coups :

— Le directeur d'unité distingué voudra poursuivre son effort, les autres voudront faire mieux dans une saine émulation. Votre correspondant dans leur unité sera encore plus considéré comme un personnage important de l'unité, en sera reconnaissant, donc d'autant plus motivé à travailler avec vous ; les autres aussi, qui verront que c'est possible.

— Votre fonction occupera le devant de la scène autrement que par des « il faut absolument », des « vous devez », des « c'est essentiel » qui ne motivent pas grand monde.

— Vous pourrez associer aussi à ces remises de prix le directeur général lui-même, qui se posera en soutien majeur. Et vous verrez : il soutiendra encore mieux votre fonction par la suite.

Attention aux nains de jardin !

Madame Sécurité a accompagné la construction de son outil-modèle. Elle a rencontré les directeurs des unités opérationnelles. La plupart ont compris leur intérêt et commencé à s'intéresser à sa fonction. Puis un jour, dans un coin, au fin fond de nulle part, elle est tombée sur un « insignifiant » ! Elle n'a rien vu venir. Il a développé un tout petit machin de rien du tout, qui couvre à peine 1 % de ce qu'elle lui proposait de traiter avec lui. Madame Sécurité ne s'est pas méfiée du petit 1 % de rien du tout. Mais le directeur d'unité en question y attache la plus haute importance, il lui permet de se faire mousser entre autres – et surtout – auprès de ses pairs. Et il n'a pas du tout envie qu'on lui retire son hochet. Il n'y a pas de pire ennemi que l'insignifiant d'un directeur d'unité opérationnelle. Pour jouer efficace, Madame Sécurité aura intérêt à ne pas le négliger, à le mettre en avant dans les présentations, et à voir comment son message peut appuyer le sien.

3.3. Et nous ?

Le rôle de fonctionnel est ingrat à plus d'un titre, nous l'avons vu plusieurs fois jusqu'ici : le fonctionnel ne décide pas (officiellement), ne dicte pas ses volontés (directement), il écoute, est au service de, soutient. Et en plus, il ne peut pas se mettre en haut de l'affiche, ses réussites ne lui appartiennent même pas. Oui, mais… rien ne l'empêche de surfer sur la réussite des autres.

Surfer sur la réussite

Monsieur Marketing a créé une boîte à outils pour les marketeurs des unités. Cette année, le directeur général tient à le faire intervenir pendant la convention annuelle, qui réunit l'ensemble des collaborateurs de l'entreprise. Le directeur général s'attend à ce qu'il raconte les réussites de sa fonction. Au lieu de cela, il déroule une courte présentation et donne la parole à un collaborateur d'unité sur chaque nouvel outil qu'il mentionne. « *Nous avons construit tel outil, cette année. Machin, peux-tu nous dire ce qu'il t'a apporté ?* » Et Machin de témoigner avec ses mots à lui. Machin, Truc, Bidule racontent ainsi rapidement (ils ont répété avant !), chacun à son tour. À la fin, Monsieur Marketing les remercie chaleureusement. Il ne dit rien de plus, mais a montré de façon éclatante que sa fonction vivait dans l'entreprise.

Si vous monopolisez la parole, on ne vous écoutera pas aussi bien. Vous apparaîtrez comme le seul propriétaire de votre fonction. Il ne faudra pas vous étonner si « *les problèmes qualité sont le ressort de la direction qualité* », ou « *les problèmes de management sont l'affaire de la DRH* »…

Si, à l'inverse, vous mettez ainsi en scène ceux qui font, plutôt que ceux qui conçoivent, vous apparaissez comme le grand ordonnateur de l'ensemble, celui qui anime sa fonction au sein des équipes opérationnelles. Vous montrez de manière éclatante à toute l'entreprise que votre fonction a percolé partout et que vous avez désormais autorité (même sans aucun pouvoir) sur l'ensemble du territoire de l'entreprise.

Partie III

Veiller à la cohérence

Un dirigeant, ancien opérationnel devenu fonctionnel, témoigne :

Une question de posture

On m'a bombardé directeur technique. J'étais jusque-là directeur opérationnel de tout un pan de la production, et on m'a demandé de superviser les trente usines du groupe au plan technique, c'est-à-dire sans plus aucune équipe directement rattachée.

Ce jour-là, un gros équipement a explosé sur l'un de nos sites. On devait arrêter la production. Fatalement et durablement jusqu'au remplacement de la machine, sauf si... La solution technique m'est apparue assez vite : il fallait intervertir deux équipements sur le site. C'était complexe, un peu risqué, mais cela valait la peine d'être tenté.

J'ai rappelé les techniciens de l'usine plusieurs fois de suite. Au début, ils m'ont dit que ce n'était pas possible, peu à peu ils se sont laissé convaincre que c'était jouable. J'ai rappelé le patron de l'usine, c'était un vendredi matin. Je lui ai refait ma démonstration. Il m'a dit : « *Écoute : des yakafokon, on en a tout autour de la ceinture. Si tu veux qu'on fasse ce que tu demandes, viens le faire.* » Dans ces moments-là, il y a une bonne réponse et une mauvaise. J'ai choisi la bonne : « *J'arrive lundi matin.* »

Là, je n'ai rien fait d'autre que discuter, écouter, encourager et réunir les bons experts. J'ai posé quelques questions naïves aussi : pourquoi on fait ça ? Pourquoi on ne procède pas autrement ? Pour qu'ils réfléchissent avant d'agir.

Toute la question d'un fonctionnel est là : jusqu'où va mon droit d'ingérence ? Où commence mon devoir d'ingérence ? Dans ce cas, j'ai commencé par donner une expertise, une capacité de recul et d'action. Du coup, à défaut de pouvoir, j'ai acquis une certaine autorité. Aujourd'hui, la question est de savoir jusqu'où je peux demander à expertiser, à auditer, voire à participer à la conception des équipements en amont, pour éviter les problèmes d'exploitation.

Ma valeur ajoutée de fonctionnel est simple à comprendre : je connais l'ensemble des sites du groupe, leurs pratiques, leurs configurations et je peux amener les meilleures à chacun.

Mais aucun directeur d'unité opérationnelle ne m'ouvrira spontanément la porte. Cela signifie que le soutien du directeur général (celui qui chapeaute les unités opérationnelles et la fonction) est primordial. Comment peut-il assurer ce soutien ? À travers trois leviers, que je peux d'ailleurs lui suggérer s'il n'y vient pas spontanément :
– Mettre en place des objectifs communs entre ma fonction et les unités opérationnelles, pour que les progrès soient l'affaire de tous.
– Pousser à la présence des fonctionnels en amont de tout projet. Quand on fait une nouvelle usine, tous les avis doivent être entendus. Une équipe fonction/opérations unie est forte et se trompe rarement. Les fonctionnels eux-mêmes doivent se sentir à l'aise avec les solutions proposées par les unités opérationnelles.
– Tenir bon et assumer. Quand un directeur d'unité reçoit un dossier d'investissement, y compris s'il est urgent, il prend systématiquement le temps de demander mon avis. Si je suis pour, le projet a une chance. Si je suis contre, le projet n'en a aucune. En général, la nouvelle d'un projet refusé pour cause de désaccord d'une direction fonctionnelle fait rapidement le tour des unités. Bref, j'ai été rapidement sollicité partout !

La fonction doit un peu forcer pour apporter sa valeur ajoutée. C'est comme chez le kiné : il faut souvent un peu appuyer pour faire du bien…

Les huit clés précédentes vous ont apporté des méthodes, des outils, des leviers d'action. Il manque pourtant encore un élément déterminant, dont nous avons parlé à la **Clé 1**, mais que nous pouvons à présent approfondir : celui de la posture du fonctionnel et de la cohérence de cette posture.

Pourquoi parler ici de cohérence ? Parce que nous sommes tous extraordinairement doués pour déceler la moindre incohérence. Dès que nous en percevons une, elle nous fait relever la tête et nous poser des questions sur le sens et la finalité. Que cache l'injonction d'agir – ou, pire, de changer – si elle ne paraît pas cohérente ?

Nous savons déceler les incohérences : donc les collaborateurs de l'entreprise le savent également. Cette fois, nous n'avons plus à chercher et à questionner les incohérences des autres : il s'agit de l'efficacité de la fonction, donc de notre cohérence propre.

Pour être efficace, quoi qu'on fasse et veuille, on a intérêt à être cohérent. Reprenons les sujets abordés dans ce livre et la logique qui les sous-tend. Nous allons passer en revue quatre axes de cohérence :

1. L'ambition de toute fonction est d'opérer une transformation culturelle (**Clé 2**). Or on ne fait pas avancer un changement d'habitudes, de pratiques, de comportements d'un claquement de doigts. Il faut du temps et de la persévérance, dans un monde qui exige au contraire de la vitesse et des résultats. Nous avons introduit la double spirale des victoires (**Clé 4**) pour faire le lien entre les deux dynamiques, celle de la fonction à moyen terme, et celle des attentes à court terme (elles-mêmes fort utiles pour pousser à la dynamique de transformation). La fonction doit donner ce temps à la transformation, même si elle-même n'a pas une minute à perdre !

2. Une transformation culturelle, quelle qu'elle soit, ne peut se réussir durablement à coups de baïonnette : d'abord parce que l'évolution des comportements ne se décrète pas, et parce que la fonction ne peut pas être partout pour surveiller chacun. On réussit en donnant du sens, en suscitant l'adhésion à une cause, à des valeurs, à des comportements, à une éthique professionnelle (**Clé 5**), que l'équipe chargée de la fonction doit donc incarner de manière visible.

3. Pour opérer cette transformation culturelle, nous avons construit un outil-modèle, référentiel d'action de la fonction (**Clé 3**). Pour entraîner le reste de l'entreprise vers un professionnalisme accru, la fonction doit vendre – ou, plus précisément, faire acheter – les composants de cet outil-modèle, la stratégie qui le sous-tend, les pratiques et les manières de fonctionner qu'il induit, à une masse critique de collaborateurs. Tous les vendeurs vous le diront, aucune vente ne se fera sans écoute et considération pour ses clients. Pourquoi en irait-il autrement dans l'entreprise ?

Nous passerons en revue ces trois axes de cohérence dans la **Clé 9**.

4. Enfin, la fonction porte un pan de la stratégie de l'entreprise. Elle anime les unités opérationnelles pour faire progresser l'entreprise dans son domaine et ancre ce chemin dans les rites managériaux de l'entreprise (**Clé 6**). La fonction constitue ainsi un tremplin managérial privilégié pour une carrière. Une carrière de fonctionnel doit être valorisée correctement, pour le bien de la fonction, de ceux qui la font réussir et, bien entendu, de l'entreprise tout entière.

Nous détaillerons ce dernier axe dans la **Clé 10**.

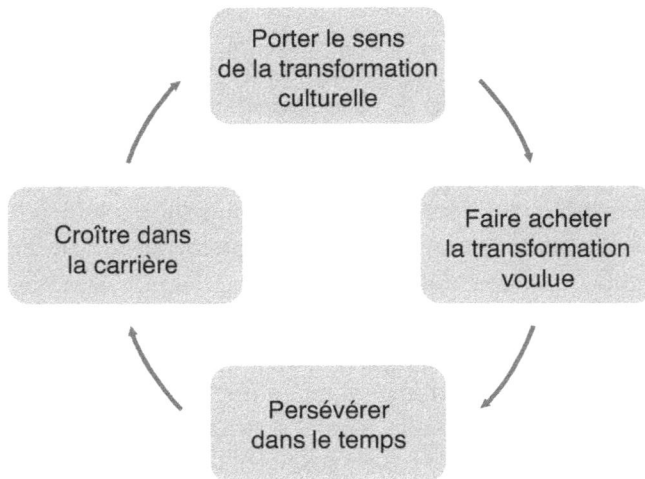

Porter le sens de la transformation culturelle

Faire acheter la transformation voulue

Persévérer dans le temps

Croître dans la carrière

Cultiver la cohérence.

Nous avons parlé jusqu'ici essentiellement de théorie et de pratique. Nous allons, pour cette dernière partie, toucher à des registres plus personnels, en évoquant des comportements et des postures.

Nous allons donc nous permettre de dire « je » (plutôt que « la fonction » ou « vous ») tout au long des pages qui suivent, de manière à éviter toute ambiguïté. Il ne s'agit pas, en effet, de « formater » quiconque, mais simplement de mettre en cohérence des comportements avec la méthode elle-même.

Clé 9

La cohérence de
la transformation culturelle

« Le bœuf est lent, mais la terre est patiente »
Proverbe chinois

1. Respecter le temps

La fonction est là pour professionnaliser des pratiques, montrer d'autres vérités, transformer des manières de procéder qui ont pourtant fait leurs preuves. Si une transformation culturelle peut se construire (nous avons tenté de montrer comment aux **Clés 3** et 4), elle ne se décrète pas. Elle prendra du temps. Il n'y aura jamais de « Grand Soir des Achats », de « 3 Glorieuses de la Qualité », ou de « Nuit de l'Éthique ».

C'est là probablement une différence majeure entre une transformation culturelle et une réorganisation. Une réorganisation n'a pas de temps. Elle doit être mise en œuvre rapidement. Elle porte en elle toute l'impatience de ceux qui l'ont imaginée. Elle répond souvent à un impératif temporel, un rendez-vous réel ou supposé avec un événement interne, une date externe, un changement dans le cadre de l'entreprise (l'arrivée d'un nouveau patron, par exemple) ou en dehors (une fusion ou une acquisition), dont elle ne maîtrise pas réellement l'occurrence.

À l'inverse, la transformation culturelle ne peut avoir une date cible, par définition. C'est consubstantiel à sa nature même, à son terrain de jeu, au sujet qu'elle travaille, puisqu'elle ne peut pas se décréter. Une fonction peut et doit se fixer des objectifs, des paliers de compression, des étapes, comme nous l'avons vu à la **Clé 4**, mais elle ne pourra jamais les imposer à quiconque, hormis elle-même.

Toute transformation pérenne et utile ne se fera qu'au rythme de l'entreprise, de ses femmes et de ses hommes bien sûr, mais aussi de ses partenaires, clients, actionnaires, fournisseurs, sous-traitants. Il est toujours bon de se rappeler que *neuf femmes en un mois ne font pas ce qu'une fait en neuf mois !*

Persévérance oui, impatience non ! Mieux vaut mettre son énergie à imaginer d'autres voies, d'autres tactiques (**Clé 4**), d'autres actions, d'autres pratiques (**Clé 3**), d'autres jeux d'acteurs (**Clés 5, 6** et **7**), que de piaffer. La fonction qui empêche de tourner rond est en mauvaise posture.

D'où les deux éléments de cohérence suivants :
- Savoir laisser du temps au temps : il est vain et contre-productif de vouloir aller vite lorsque les esprits ne sont pas prêts, qu'il s'agisse de celui des dirigeants, des managers ou des collaborateurs – les plus grands freins n'étant pas toujours là où on les attend. Une action, ce n'est pas un sujet, un verbe et un complément, c'est d'abord une dynamique humaine. Savoir laisser du temps au temps peut aller jusqu'à donner à ses patrons l'impression que les choses n'avancent plus, que les freins sont si puissants, les réticences si fortes que les macro-objectifs du calendrier ne seront pas atteints. Manipulation pour les uns, tactique pour d'autres... *No comment*. Le choc qui suit est souvent très salutaire.
- Savoir adapter la vitesse. Sentir en particulier quand il faut accélérer, quitte à presque passer en force. Il faut en effet aussi parfois aller vite quand tous les feux sont au vert, que les dirigeants ne pourront pas politiquement freiner ou enterrer la transformation. Si j'ai laissé correctement mûrir un des volets de la transformation

culturelle, je vais pouvoir le cueillir. Je vais même pouvoir aller très vite et tout d'un coup, la direction générale me suivra sur la base d'un constat bien adapté, d'un enchaînement logique, voire naturel à ce stade du déploiement.

Un pied sur le frein, l'autre sur l'accélérateur, telle est bien la conduite à adopter lors de toute transformation culturelle. Pas toujours facile à faire... Le temps de la transformation doit être cohérent avec ses enjeux et sa profondeur.

2. Incarner le sens

Un peu de bon sens pour commencer ! Le jeu de mots est un peu facile, certes et pourtant...

Jamais sans doute n'a-t-on autant parlé de la recherche de sens dans les entreprises. On crée des groupes de travail, on organise des séminaires pour faire émerger les valeurs de l'entreprise. Les dirigeants parlent de croissance, de développement, de conquête, de rémunération des actionnaires... Mais ce qui fait sens pour eux fait-il autant sens pour les collaborateurs ?

Non, sans doute... pour ne pas dire, non, certainement pas. D'autant qu'à la première crise, les valeurs sont rapidement mises à mal, des collaborateurs sont remerciés, des plans sociaux (pardon : de « sauvegarde de l'emploi ») sont engagés. Mainmise de la finance sur les entreprises, dictature du court terme, partition déresponsabilisante des tâches dans des processus désincarnés : jamais sans doute le sens n'a autant déserté l'entreprise.

Gare aux... contresens !

Après avoir écouté le plan d'économies présenté par Monsieur Contrôle de Gestion, l'un des directeurs d'unité demande : « *Ce plan est à réaliser par les équipes ; comment allons-nous les mobiliser pour qu'elles atteignent les objectifs ?* » « *Écoutez*, répond Monsieur Contrôle de Gestion avec force, *si les collaborateurs ne sont pas mobilisés quand il y a*

> deux millions d'économies à gagner, je ne vois pas ce qui les fera bouger ! » Monsieur Contrôle de Gestion a bien tort de penser ainsi : les collaborateurs s'intéressent à leur emploi, à leur salaire, à la réussite de leur mission peut-être, à leur développement personnel sans doute. Mais certainement pas à ces économies dont ils ne verront rien. À l'heure qu'il est, le plan doit toujours être… en plan.

Une transformation culturelle doit faire sens. Vendre (faire acheter), entraîner chaque unité, chaque collaborateur vers la professionnalisation souhaitée, peut être par principe aussi ardu que d'inciter quelqu'un à s'arrêter de fumer, disions-nous dès la **Clé 2**.

Aucune initiative ne se prendra, aucune action ne se réalisera si elle ne fait pas sens pour mes correspondants, les patrons d'unité et l'ensemble des collaborateurs. Les acteurs concernés doivent y adhérer et même y trouver un bénéfice dans leur quotidien, dans certaines de leurs tâches et obligations. Si je veux entraîner, je dois donner du sens. Au risque sinon de n'être pas cohérent avec mon objectif.

2.1. La fonction, porteuse naturelle de sens

Même quand elle est considérée comme une pourvoyeuse de chiffre d'affaires et de résultat avant toute autre chose, une unité opérationnelle porte un sens visible pour tous ceux qui y travaillent : elle conçoit, produit, vend. Le sens est inhérent à sa mission.

La fonction en revanche peut apparaître comme une contrainte, un « truc en plus » pour les opérationnels, donc manquer singulièrement de sens – ou du moins porter un sens lointain, qui ne les concerne pas directement dans leurs priorités quotidiennes.

Cela fait partie des incohérences typiques de certaines fonctions. Elles se privent d'un point d'appui essentiel ; leur action s'en trouve pénalisée et leur pouvoir d'entraînement affaibli. En effet, toute fonction porte une stratégie. Or la stratégie, c'est « du sens en bouteille », comme dit l'un de nos collègues : ce qui fait ma différence (en tant que fonction, comme en tant qu'entreprise), ma spécificité. La fonction, par nature, porte un sens. C'est à elle qu'il revient de le porter. À moi de savoir le mettre en exergue et l'incarner. J'en ai en tout cas le pouvoir.

Le pouvoir de la fonction

Le comité de direction réunit chaque mois l'ensemble de ses directeurs de zone, souvent au téléphone, parce qu'ils sont géographiquement éloignés – qui au Japon, qui au Brésil, qui aux États-Unis, qui en Chine, etc. Mais chaque lundi, vers midi, le directeur général réunit son état-major : ses directeurs fonctionnels, tous présents au siège, qui lui font remonter les problèmes vécus dans les zones et identifiés par les différents réseaux fonctionnels. Les zones ignorent ces réunions. Elles ont tort : car c'est bien là que s'écrit chaque semaine la stratégie de l'entreprise.

Je peux toujours me plaindre, moi, fonctionnel, que je n'ai pas de pouvoir : je n'ai peut-être pas de moyens ni de personnel considérables, mais j'ai en réalité un pouvoir énorme : celui de la connaissance de l'ensemble des unités et de la proximité géographique du patron. À moi de valoriser ce pouvoir pour faire grandir mon réseau, puis l'entreprise tout entière.

À quoi sert – vraiment – une fonction RH ? À limiter la masse salariale ? À gérer les talents ? À... assurer la paye, simplement ? À assumer les obligations légales de discussion avec les partenaires sociaux ? À quoi sert – véritablement – une direction financière ? À publier les résultats en temps et en heure ? À gérer la trésorerie ? À comptabiliser et contrôler les entrées et les dépenses ? À extraire les bénéfices attendus par les actionnaires ? Que va apporter une fonction éthique, déontologie, innovation, méthodes, etc. ? Qu'apporte-t-elle à chacun ?

La fonction que j'anime sert-elle d'abord à faire « plus » (de chiffre d'affaires ou de marge), à faire « moins » (de dépenses, de personnel, etc.) ? Ou sert-elle à faire « mieux » (peut-être pour faire « plus » ou « moins », d'ailleurs) ?

Encore une fois, si ma fonction n'introduit pour les opérationnels que des menaces ou un surcroît de contraintes, alors elle a perdu. Chacun doit voir, du haut au bas de l'échelle, les bénéfices associés à la fonction, les enjeux de l'entreprise qu'elle prend en charge, et la facilitation de ses propres problèmes opérationnels.

Ma première opportunité est là : profiter de mon positionnement transversal aux unités (donc « au-dessus de la mêlée », comme on dit) et de la proximité géographique avec l'ensemble des autres fonctions et le directeur général, pour construire un sens concret qui parle à l'entreprise, et s'y tenir dans l'action quotidienne et dans la durée. « *Appuyer là où ça fait du bien* », comme dit un directeur général. Même s'il s'agit de remettre de l'ordre !

2.2. La cohérence du sens

L'outil-modèle peut être correctement déployé ; les rituels peuvent être installés, voire ancrés dans les pratiques quotidiennes ; mais la cohérence du sens n'est jamais gagnée.

La cacophonie

Monsieur Qualité est content, tout se passe comme prévu. La transformation culturelle est en route et, lui semble-t-il, de manière durable et globale. L'idée est simple : satisfaire le client pour lui vendre plus, plutôt que de lui vendre en force sans souci réel de sa satisfaction. Lors d'une visite sur le terrain, il découvre une divergence de fond : certes, on s'occupe du client, mais seulement quand on a atteint ses résultats commerciaux. La ligne hiérarchique n'a pas intégré l'approche client. Elle tient toujours son discours du chiffre. Vendre, vendre... L'intérêt du client vient après, loin derrière, quand on a le temps, comme un objectif en plus. On est très loin de l'idée de départ. Les objectifs de la fonction et des unités se sont désalignés.

Les unités opérationnelles, les fonctions ont toutes des objectifs complémentaires – donc parfois antagonistes, au moins en apparence : faire de la qualité sans sacrifier la production ou les ventes, comme dans le cas ci-dessus ; innover sans prendre de risque ;

organiser des mobilités de personnel sans toucher aux talents des unités ; fabriquer durablement sans surcoût… Ces antagonismes sont sans doute normaux et inévitables, dès lors que les objectifs sont parcellisés entre les unités et chacune des fonctions.

Il m'appartient néanmoins de faire en sorte que ma fonction réponde toujours à un objectif des unités opérationnelles et qu'elle contribue à résoudre leurs problèmes. Directement (elles ont un problème d'achat, juridique ou d'innovation, et la fonction concernée les aide), *via* la bonne posture (de soutien et de service), ou, comme nous l'avons vu à la **Clé 6**, à travers un objectif que je leur fais fixer *via* la direction générale.

2.3. Équilibrer l'impact sur les parties prenantes pour porter le sens

Faire sens passe souvent par le rééquilibrage des parties prenantes « impactées » par les actions entreprises.

Même si elle est réduite à un *corner* de l'entreprise, à plus forte raison si elle a été créée pour des raisons cosmétiques, la fonction que j'anime doit s'intégrer dans une contribution à un enjeu supérieur.

Si elle est stratégique (au sens de « *si elle contribue à définir et à porter la stratégie de l'entreprise* », et non pas « *si elle est considérée comme importante* » !), alors elle « impacte » les parties prenantes identifiées à la **Clé 1**.

Le tableau suivant donne une vision des impacts typiques de plusieurs fonctions traditionnelles sur les différentes parties prenantes de l'entreprise vues comme des domaines de performance.

Ainsi, la fonction achats produit un impact fort non seulement sur la performance économique… mais aussi sur les clients, à travers la qualité et l'innovation, qu'elle apporte (ou pas…) ; sur l'environnement, à travers le souci qu'elle a des matières utilisées ; sur la société tout entière, à travers l'éthique qu'elle impose à ses fournisseurs, et la sienne propre (en cas de règles de délocalisation, par exemple).

La fonction qualité a un impact fort sur la performance clients et un impact moindre sur la performance environnementale. En revanche, elle peut jouer un grand rôle sur la fierté des collaborateurs, tout comme la fonction éthique.

Domaines de performance / Fonctions	Achats	Éthique	Innovation	Juridique	Qualité	...
Clients	★ ★ ★	★ ★	★ ★ ★ ★	★ ★ ★	★ ★ ★ ★	
Collaborateurs	★ ★	★ ★ ★ ★	★ ★	★	★ ★ ★	
Économique	★ ★ ★ ★	★	★ ★ ★ ★	★ ★ ★	★ ★	
Environnementale	★ ★ ★	★ ★ ★	★ ★	★	★	
Réglementaire	★ ★	★ ★	★	★ ★ ★ ★	★	
Sociale	★ ★	★ ★ ★ ★	★	★	★ ★	

Je dois avoir conscience des domaines de performance que ma fonction est susceptible de toucher et réfléchir à l'équilibrage entre les parties prenantes. La fonction est non seulement là pour assurer la performance économique (portée par les dirigeants pour les actionnaires), mais aussi pour que les clients soient satisfaits et achètent de nouveau, pour que les collaborateurs travaillent mieux, etc.

La recherche de cet équilibre est doublement importante : d'abord, parce qu'elle permet de repérer des alliés auxquels la fonction n'aurait pas pensé spontanément. Ensuite, parce qu'elle permet de réfléchir au sens pour les parties prenantes, collaborateurs en tête, donc de se définir une capacité d'entraînement naturelle. Une fonction éthique, déontologie ou RSE, par exemple, peut s'appuyer sur la fierté des collaborateurs qu'elle contribue à développer. Force est de constater pourtant que beaucoup produisent des notes et des directives pour les imposer sans contreparties. Dommage !

Intégrer les parties prenantes

Madame Éthique a longuement réfléchi. D'un côté, les collaborateurs se plaignent que les objectifs du groupe ne les laissent pas travailler correctement. De l'autre, elle voit bien que les pratiques des collaborateurs pourraient en effet être critiquables si elles étaient connues à l'extérieur. Il faudrait créer des normes, des règlements... Mais ceux-ci ne feraient que braquer davantage les collaborateurs. Alors elle change de tactique et identifie les domaines à creuser en interrogeant les équipes, puis fait créer des groupes d'expertise avec des opérationnels pour définir les « bonnes » pratiques à mettre en œuvre. Ensuite, elle les aidera à mettre en valeur les règlements et les normes qu'ils auront définis. Madame Éthique a gagné sur deux tableaux : les règlements seront rapidement mis en œuvre, puisque définis par les opérationnels eux-mêmes ; surtout, elle est sûre que les nouvelles pratiques sont conformes au regard de la société civile : qui, mieux que les collaborateurs, incarne les valeurs sociétales du moment ?

Les Américains enjoignent à penser hors de la boîte (« *to think out of the box* »). Une fonction, c'est en effet beaucoup de créativité : pas tant des lois ou des méthodes (qui existent largement) que des manières de les faire parler. La recherche d'un équilibre entre les parties prenantes fournit généralement d'excellents arguments de vente internes !

Trop d'entreprises ont une « radioscopie performances » avec quatre étoiles sur l'économique/actionnaires et aucune ailleurs ! Certaines fonctions font de même et se privent de vrais leviers d'entraînement. D'autres, à l'inverse, n'ont aucune étoile dans cette même case « économique » et... se retrouvent reléguées très loin dans le rang des priorités de l'entreprise. Dans un cas comme dans l'autre, c'est dommage !

3. Considérer chaque collaborateur comme un client

L'expérience montre que l'humain est rarement pris en compte de manière correcte dans une réorganisation. Cette dernière peut même être la source des pires brutalités, voire d'odieuses ignominies. Plus les groupes sont grands, plus les réorganisations, chroniques et nombreuses, peuvent être mères de l'abject et de l'inacceptable.

Cela n'est pas possible dans une transformation culturelle : contrairement à une réorganisation, elle ne se décrète pas. Nous avons vu l'importance du temps, l'indispensable sens qu'elle doit porter en elle si elle veut réussir ; regardons à présent son champ d'action : l'humain.

3.1. L'humain, au moins parce qu'il s'agit de vendre !

Nous l'avons dit depuis le début de ce livre : je peux disposer de la technique, des méthodes, des outils de ma fonction, ils ne sont rien si je ne réussis pas à les vendre en interne, ou plutôt à les faire acheter. Je dois donc considérer l'autre comme un acheteur potentiel, et le traiter, le soigner comme un prospect, où qu'il soit situé dans la structure.

Pour une fonction, l'autre n'est pas un pion ou un rouage, encore moins une variable d'ajustement : c'est un prospect, un client potentiel. Je n'existe pas sans lui, c'est-à-dire que je n'arriverai à aucun résultat sans lui.

Si, dans ma propre équipe ou dans mon réseau, on considère les autres comme des nèfles, je risque rapidement de perdre toute crédibilité, car les nouvelles concernant l'humain percolent infiniment plus vite que les nouvelles… méthodes !

3.2. Vous m'intéressez : de « je » à « vous »

La première cohérence de tout acte de vente, tous les commerciaux vous le diront, consiste à s'intéresser à l'autre. Nous avons commencé dès la Clé 1 de ce livre et avons guidé notre action par l'écoute attentive de tout ce qui privilégie la mise en mouvement (les peurs, les ambitions, les frustrations). Mon comportement doit être cohérent avec mon souhait d'entendre et de comprendre !

Moi, je…
Monsieur Éthique est arrivé dans l'entreprise avec une batterie de codes, de grilles et d'outils, et des quantités de présentations. Il commence par annoncer à toutes les unités opérationnelles qu'il va venir faire une présentation à leur comité de direction. Il est convaincu de bien faire : il vient

chez eux, donc il doit vendre ! À la fin de son tour du monde, il peut annoncer fièrement à son directeur général : « *Mission accomplie, je les ai tous vaccinés.* » Puis un doute l'envahit : que va-t-il faire à présent ? Préparer une nouvelle présentation ? Monter des audits ? Il n'a ramené aucune prise, aucun début d'amorce d'action commune…

Je ne peux pas arriver en terrain conquis, je ne peux pas considérer que les unités n'ont pas d'autre choix que le mien : en réalité elles l'ont, comme tout consommateur a celui d'acheter ailleurs ou même de ne pas acheter du tout. Donc je dois écouter chacun comme s'il était le plus important de la Terre (il l'est de fait, puisque ma réussite tient à lui).

« Écouter chacun ? Mais vous n'y pensez pas ! Cela va prendre beaucoup trop de temps ! En plus ils auront des demandes complètement divergentes… », nous a dit un jour un directeur fonctionnel. L'expérience prouve que non : cela prend à peine plus de temps au départ et permet de ne pas en perdre ensuite. Et même si chacun a ses problèmes et qu'ils sont aussi uniques que lui-même, il serait très étonnant que les enjeux réels diffèrent tant que cela. Les mêmes causes produisant généralement les mêmes effets, les solutions sont largement réutilisables. Sinon, et tout à fait entre nous, le métier de consultant n'existerait pas !

Vous, vous…

Autre entreprise, autre Monsieur Éthique. Celui-là a préféré commencer en faisant le tour des unités, à l'écoute de leur terrain et de leur directeur. À chacun, il demande ses enjeux et ce qui l'empêche d'atteindre les objectifs associés. Il monte avec chacun un plan d'action, qui commence invariablement par… une réunion de son comité de direction autour des enjeux de l'unité et du soutien potentiel de l'éthique, avec un temps de débat. Il n'a pas de difficulté à monter des présentations cohérentes à partir de ses présentations génériques. Il en revient avec des sujets passionnants à traiter autour de la corruption dans certains pays, du travail des enfants dans d'autres. Pour Monsieur Éthique 1 et Monsieur Éthique 2, le travail est rigoureusement le même, mais les résultats diffèrent : le second a installé son action dans la durée. Pour les unités, cela change tout, car c'est de leurs enjeux qu'il s'agit.

3.3. Co-construire et faire avec

L'acheteur le plus convaincu est sans doute celui qui a participé à l'offre. Si j'arrive à faire monter l'autre dans ma barque, alors il sera d'autant plus volontaire pour ramer avec moi.

Nous l'avons vu dans la **Clé 5**, la co-construction permet de prévendre. Co-construire passe par un travail commun, mais cela ne suffit pas. Il faut en plus :

– S'assurer en amont que cela correspond exactement à l'attente du moment. Si je veux vendre, je dois donner des gages sur la réussite réelle à venir. En l'occurrence, montrer la cohérence de mon discours à tous les niveaux de l'organisation. À vous, acheteurs, je tiens ce discours, mais j'ai tenu le même à vos directeurs d'unité, voilà ce qu'ils ont entendu, voilà ce qu'ils ont validé, voilà comment cela se traduit dans leurs projets, leurs objectifs, ou dans les dispositifs en place.

– Rendre ce travail visible, reconnaître et faire reconnaître la réussite et la contribution.

Sur le devant de la scène

Vous souvenez-vous de la convention achats que nous avons racontée dans la Clé 6 ? Regardons ici d'un peu plus près la posture de Monsieur Achats. Il a organisé cette convention – la sienne. Il y a invité les directeurs généraux de ses fournisseurs, c'est-à-dire son fonds de commerce personnel. Pourtant, il reste en retrait sur la scène. Il fait office de Monsieur Loyal et de metteur en scène. Sur l'estrade, tour à tour, les directeurs des unités opérationnelles et leurs acheteurs prennent la parole, affirment leurs convictions et remettent des prix.

Co-construire avec les unités opérationnelles, c'est les mettre sur le devant de la scène. Que se passe-t-il si je m'y mets moi-même ? D'abord je suis beaucoup moins crédible, puisque je viens d'une structure centrale et suis fonctionnel, donc toujours suspect de ne pas connaître la vraie vie des opérationnels (même si j'en viens !). Je risque aussi de passer pour celui qui tire la couverture à lui. Je ne suis pas cohérent avec la posture d'une co-construction. Si je suis un *showman* né, cela peut passer – on sera fier de me suivre. Sinon, on me désertera.

Ne soyons pas naïfs : mettre les opérationnels sous les projecteurs ne signifie pas se nier soi-même, bien au contraire : il s'agit simplement de surfer sur la réussite des autres. La réussite sera toujours celle des unités opérationnelles et doit le rester. Il s'agit d'être comme un animateur de télévision : il n'est jamais la vedette de son propre show, il met en valeur ses invités, mais il n'empêche : c'est bien de lui qu'on se souvient, c'est lui qu'on courtise et c'est vers lui qu'on revient.

Ma réussite de fonctionnel ne pourra jamais se mesurer au travers de ce que j'ai fait – simplement parce qu'en réalité rien ne sert sinon ce qui est appliqué par d'autres. Ma réussite passe par celle des autres. Si j'ai besoin d'un indicateur, alors je peux utiliser celui-ci : ce qui ne se serait pas fait sans ma présence. J'y trouverai, la plupart du temps, de quoi m'encourager et satisfaire mon *ego* !

3.4. La fierté

Nous avons vu que la fonction avait ce pouvoir de donner du sens ; elle a corrélativement la faculté de développer la fierté d'appartenance. Je peux m'appuyer sur ce mécanisme humain pour progresser.

Nous avons souligné à la **Clé 5** l'importance de donner envie à ceux qui portent la transformation culturelle. Cette envie est suscitée dès le lancement ; les premiers résultats et succès doivent naturellement transformer cette envie originelle en fierté d'appartenance à cette fonction, à cette ambition, à cette réussite. La fierté est le meilleur carburant contre les phénomènes d'essoufflement et de découragement inhérents aux projets de long terme. Je dois cultiver cette fierté chez tous mes interlocuteurs, sans tomber dans l'arrogance : on est fier, mais pas fier contre les autres !

Quand la fonction fait du bien...

Monsieur Qualité était jusque-là l'un des directeurs opérationnels les plus puissants du groupe. Il crée sa fonction au moment où l'entreprise doit affronter la concurrence. Les « usagers » deviennent des « clients » et le président sait que leur satisfaction va s'avérer déterminante dans la guerre commerciale qui s'ouvre. Monsieur Qualité ne va pas y aller par quatre chemins. Il publie chaque mois une lettre de réclamation client dans la revue interne, en la commentant sévèrement (mais sans incriminer quiconque). Il bloque les sorties de nouvelles offres insuffisamment validées. Il use de son prestige pour mettre les directions au pas. La satisfaction des clients remonte peu à peu. Contre toute attente, les collaborateurs, qui auraient pu se rebeller contre les contraintes nouvelles imposées par la qualité, sont aux anges. Le président sourit : « *Vous savez, personne n'aime mal faire son travail. En plus, chacun connaît, dans sa famille ou parmi ses proches, des clients de l'entreprise. Ils ont eu rapidement des retours de leur action, et ils ont de quoi être fiers !* »

3.5. Le progrès entre pairs

Bien plus que les techniques, les méthodes, les outils de ma fonction, la posture de mon équipe est déterminante. Elle n'apparaîtra juste et cohérente au plus grand nombre que si elle a été solidement construite, discutée, confrontée, et si elle est partagée par tous les membres de l'équipe. Les « baroudeurs stratèges » évoqués à la **Clé 2** trouvent ici tout leur relief.

En effet, la transformation culturelle doit aussi se nourrir des expériences croisées entre mes correspondants en unités opérationnelles. Untel est très avancé sur ce thème, tel autre sur ce sujet. Tous deux ont intérêt à favoriser ces échanges de bonnes pratiques, de savoir-faire. Le progrès entre pairs, c'est tout simplement créer un climat d'entraide pour gagner du temps, être plus performant et valoriser les uns et les autres. La fonction n'a pas à s'ériger en juge de paix ou en point de passage obligé pour ces échanges de pratiques.

Au-delà des bonnes pratiques formalisées, rien ne remplace le retour d'expérience du terrain. Je ne dois pas non plus générer une vaste pétaudière où tout le monde se balade. La fonction est là pour faciliter les échanges et les rendre efficaces, donc repérer et capitaliser ces savoir-faire, puis polliniser les unités opérationnelles les moins avancées.

4. Soigner sa cohérence personnelle

Nous avons commencé dans la **Clé 1** par la posture à adopter lors de la prise de fonction. Nous terminerons notre propos par la nécessaire cohérence personnelle à maintenir tout au long du parcours dans la fonction… et même au-delà.

Loin de nous la prétention à nous poser en donneur de leçon ou en moralisateur. Il s'agit simplement d'efficacité. Si mon rôle est d'entraîner, de dynamiser, de donner un sens à l'action, je dois cultiver ma crédibilité. L'expérience montre que c'est aussi l'occasion d'imprimer une marque de fabrique.

La fonction n'offre pas de territoire spécifique, mais elle offre le plus grand d'entre eux : toute l'entreprise. Elle n'apporte pas de pouvoir, mais elle peut conférer une autorité immense. Autorité et non pouvoir : la fonction ne passe pas par des ordres et des injonctions, puisque personne n'est là pour y obéir. L'autorité ne peut m'être conférée que par les autres, jamais autoproclamée.

D'où les trois constantes, à surveiller en permanence :
– L'humilité : totalement intégrée à ma posture de service depuis le début, elle me fera gagner un temps précieux. Si je m'érige en tour d'ivoire ou en bastion, je susciterai des batailles de territoires. Ce n'est pas mon but : la fonction a une place à prendre, mais pas de territoire, elle doit rester au-dessus du jeu. Concrètement, je peux proposer des solutions et des pistes, mais il revient aux unités de décider de les mettre en œuvre. J'ai donc intérêt à les considérer à chaque fois comme non figées, même si je suis persuadé qu'elles vont permettre à l'unité opérationnelle de progresser. Je peux demander en retour à l'unité de m'aider à les améliorer, à les

rendre plus faciles à mettre en œuvre, plus simples, etc. Une telle démarche est assez rare pour me différencier.

— L'intégrité : si je veux que mes collaborateurs proches me *suivent jusqu'au bout du monde*, je dois rester fidèle à mes valeurs et à moi-même. Cela peut se traduire également par une forme d'équité : je suis là pour aider, accompagner, mobiliser toutes les unités opérationnelles, quel que soit le niveau d'affinité que je peux développer avec leurs représentants. Tous sont aidés, conseillés, accompagnés avec le même sérieux et le même professionnalisme.

— L'exemplarité : ultime élément fondamental de cohérence. La fonction reste fragile malgré tout, tout comme sa légitimité durement acquise. J'ai sans doute intérêt à ne pas prêter le flanc aux critiques faciles qui décrédibiliseront mon discours et ma posture. Si je suis à la qualité, par exemple, j'ai intérêt à parler progrès et client, et à vivre dans une perspective d'ordre et d'amélioration permanente (le bureau désordonné d'un homme qualité n'est jamais bien vu) ; si je suis aux achats ou à la finance, je dois me montrer rigoureux sur les coûts (le financier qui enjoint à l'économie quand il est le seul à voyager en classe affaires en avion en Europe torpille sa crédibilité) ; si je suis au développement durable, mieux vaut éviter les trajets Paris-Lyon en avion ; etc.

Plus qu'ailleurs, la fonction se doit d'être cohérente. À moi de mettre en cohérence mes gestes et discours avec la volonté d'amélioration et de changement que je porte. Ma réputation me précédera toujours et il me sera plus facile d'atteindre les objectifs que le groupe me fixe avec une réputation positive que l'inverse !

Clé 10

Sortir par le haut !

> *« Il n'y a point de rose de cent jours »*
> Proverbe chinois

Nous arrivons à présent au terme de notre parcours. Nous espérons sincèrement que les neuf clés précédentes vous ouvriront les portes d'une carrière efficace et surtout épanouissante.

Avant de refermer ce livre, nous aimerions néanmoins vous proposer une dixième clé. Cette fois, la porte n'ouvre pas sur l'introduction de nouvelles méthodes, la professionnalisation des pratiques ou l'efficacité managériale, mais… sur votre propre carrière.

En effet, une filière fonctionnelle offre des opportunités intéressantes de progresser dans les hiérarchies. D'une entreprise à l'autre :

La filière fonctionnelle

Monsieur Achats avait fait du commercial pendant des années avant de franchir le pas. Il est entré dans l'entreprise comme acheteur et ses compétences de vendeur l'ont fait progresser rapidement. Il est devenu directeur achats d'une petite unité, puis d'une plus grosse, d'une branche ensuite. Là, il a changé d'entreprise pour prendre une direction des achats globale. Il est aujourd'hui l'un des directeurs achats les plus puissants d'Europe.

Ou au sein d'une même entreprise :

> ### La filière fonctionnelle (suite)
> La direction qualité n'existait pas dans le groupe. Monsieur Qualité était juste un Monsieur Fonction dans un coin d'une unité opérationnelle. Il a accompli des choses qui se sont vues, on l'a chargé d'animer la fonction au niveau de l'entreprise. D'abord coordinateur depuis son unité, puis responsable au siège. Peu à peu, la qualité s'est fait connaître et reconnaître, et il est devenu directeur central de la qualité en quelques années. Parce que simplement il savait prendre des initiatives visibles, qu'il a fait jouer le temps pour lui et réussi à entraîner à tous les niveaux ses homologues, puis ses correspondants, les directeurs des unités opérationnelles et la direction générale.

La fonction offre aussi des possibilités intéressantes de retour vers l'opérationnel. Nous allons voir pourquoi.

1. Un tremplin pour votre carrière

La perspective de passer par une fonction transverse ou support épouvante souvent les opérationnels. « *Je suis fait pour décider, je ne sais pas me contenter d'impulser* », « *J'ai besoin d'avoir les manettes* », etc., la perte des moyens de commandement et d'action constitue souvent un handicap rédhibitoire pour l'image du monde fonctionnel.

En même temps, la prise en charge d'une fonction transverse se révèle souvent un passage obligé dans une carrière, en particulier dans les grands groupes. Ce n'est pas anodin ; la fonction constitue en effet une école de management unique :

- Elle offre une plateforme d'observation sur l'ensemble des directions de l'entreprise, puisqu'elle opère en transversal.
- Elle permet de ce fait la constitution d'un réseau relationnel et managérial majeur pour le responsable qui prend cette fonction. Il doit discuter avec tous, travailler avec chacun à un niveau élevé. Le jour où il reprendra une mission opérationnelle, il aura sans doute accès à des responsabilités d'un niveau sensiblement supérieur.

– Elle force à manager plus qu'à diriger. Responsable d'une usine ou d'une équipe, je peux me cantonner à une dynamique de discipline : je donne des ordres et mes collaborateurs les exécutent (plus ou moins !). Si un tel mode opératoire est simple, il est surtout pauvre. Réduire les collaborateurs à des rôles d'exécutants constitue une gigantesque incohérence par rapport à la transformation culturelle souhaitée et aux enjeux qu'elle porte.

Le passage par une fonction permet de pratiquer un type de management non hiérarchique, appelé souvent « management d'influence ». Il permet de développer, comme nous l'avons vu, d'autres leviers de mise en mouvement et de progrès.

C'est aussi la raison pour laquelle nous avons ciblé notre ouvrage sur l'efficacité, bien au-delà des fonctions transverses elles-mêmes : si vous avez réussi votre passage dans une fonction transverse, vous serez également beaucoup plus efficace en retrouvant un management hiérarchique. Les préceptes évoqués tout au long de ces pages s'y appliquent tout à fait. Vous aurez juste à redécouvrir votre nouvel environnement et redémarrer à la **Clé 1** de ce livre !

Dit autrement, vous ne managerez plus jamais de la même manière une unité opérationnelle après avoir dirigé une fonction. L'école de management doit pouvoir vous servir de tremplin pour tout le reste de votre carrière. À condition, bien sûr, d'en sortir !

2. Savoir partir à temps…

Il faut être réaliste, toutes les entreprises n'ont pas compris l'avantage qu'elles pouvaient tirer des passerelles entre fonctions et opérations.

Un besoin conjoncturel ou une opportunité partagée ?

L'entreprise dépense beaucoup trop, ses marges sont faibles alors qu'elle développe des technologies de pointe. Le président décide donc, après avoir discuté avec plusieurs autres patrons, de recruter un directeur des achats. Il choisit un expert de la fonction. Monsieur Achats réussit

> brillamment : dès la première année, les bénéfices de l'entreprise équivalent aux économies d'achats qu'il a générées. Le cours de Bourse est multiplié par deux. Six années passent. Les économies se poursuivent, mais l'entreprise s'y est accoutumée et les achats n'apparaissent plus comme un levier stratégique. À la suite de batailles de pouvoir, la fonction est rattachée plus bas dans la hiérarchie. Monsieur Achats s'en va.
>
> L'entreprise a perdu deux belles opportunités : une dynamique de progrès durable autour d'une fonction utile et un dirigeant potentiel.

Le cas précédent est malgré tout… fréquent. Il montre la difficulté pour les fonctions, même les meilleures, de prendre leur place dans des entreprises à dominante forte : les achats ou les systèmes d'information dans des entreprises technologiques, la qualité ou l'innovation dans des entreprises commerciales, les ressources humaines dans des start-up, la stratégie dans des entreprises très structurées par la gestion, le juridique, la RSE, la déontologie ou l'éthique, etc., un peu partout.

Hormis la finance, les fonctions sont rarement considérées comme stratégiques par les dirigeants. Le juridique, l'éthique ou la déontologie – parfois même les ressources humaines – apparaissent souvent comme des nécessités et perdurent essentiellement parce que les entreprises ne peuvent les éliminer. Supprimer l'une ou l'autre reviendrait en effet à afficher ouvertement son inutilité.

Le cas précédent montre néanmoins que la fonction est aussi considérée comme un enjeu de pouvoir, parce qu'elle est forcément un minimum intrusive dans les unités opérationnelles, même si vous ne raisonnez pas en termes de rapports de force et de guerres de territoires ; parce qu'aussi le responsable fonctionnel du siège apparaît comme proche (au moins géographiquement) du directeur général, donc partie prenante des jeux d'acteurs.

En réalité, toute fonction est stratégique… au moins parce que les fonctions définissent et portent la stratégie de l'entreprise. Cependant, les dirigeants d'unité opérationnelle ont souvent plus d'arguments qu'elles, parce qu'ils peuvent jouer sur les urgences, les problèmes opérationnels, les ambitions de croissance, les stratégies de développement, les besoins des clients. Les fonctions passent forcément après.

Par conséquent, les entreprises ont du mal à valoriser correctement les fonctions :

– Les fonctions elles-mêmes, en leur accordant la priorité qui leur revient. Les responsables fonctionnels auraient moins besoin du doigté et des modes opératoires décrits ici si leur fonction était correctement assumée par l'entreprise.

– Les dirigeants formés dans les fonctions. Leur passage les a mis au cœur de l'entreprise, ils en connaissent personnellement chacun des acteurs. Ils doivent pouvoir rejoindre rapidement le vivier des dirigeants potentiels de l'entreprise.

Tout cela pour dire que le passage par une fonction ne doit pas dépasser quelques années. Trois ans, cinq peut-être, mais jamais plus, car elle s'use et use vite, pour deux raisons majeures :

– Un paradoxe : quand la dynamique opère, on oublie la fonction. Moins vous posez de problèmes, mieux vous êtes perçu, mais plus vous risquez de ne plus paraître indispensable. En même temps, plus vous êtes visible, plus votre place est importante, et plus vous êtes vulnérable.

– Les opérationnels continueront à vous savonner la planche, par construction : votre fonction est là pour faire progresser les unités opérationnelles, donc elle les dérange. Vous avez agi avec tact, avec doigté, avec intelligence peut-être, mais jamais de manière totalement indolore et transparente. Au bout d'un moment, quand les progrès sont suffisants, quand la fonction a atteint sa vitesse de croisière, le fruit est mûr : il peut tomber.

Et puis l'air du temps change très vite au siège des entreprises. Le coup fatal peut venir de n'importe où, y compris pour des raisons inconnues.

Le passage dans une fonction dépend évidemment de l'entreprise et de la fonction elle-même. Cela étant, l'expérience montre qu'un profil typique peut suivre une courbe à l'allure suivante.

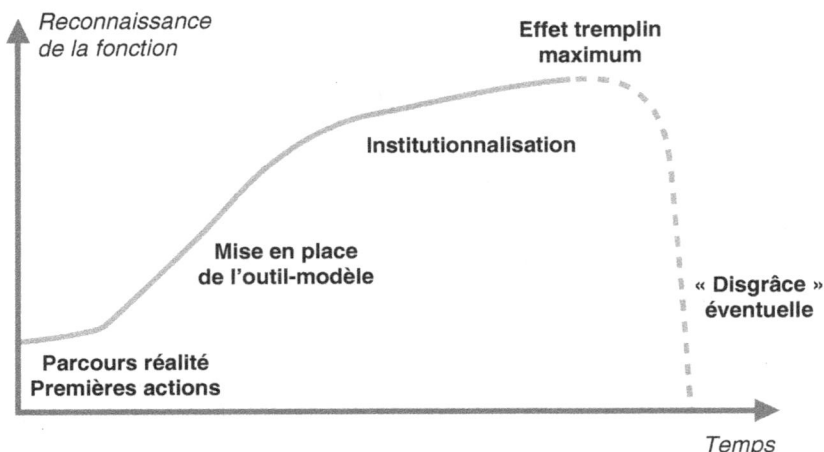

Une montée en puissance lente, une chute potentiellement rapide.

La reconnaissance de l'entreprise à l'égard de votre fonction va s'accroître pendant plusieurs années, d'autant plus rapidement que votre outil-modèle impliquera des évolutions fortes et visibles. Une fois la construction de votre fonction terminée, vous entrerez néanmoins dans une période de vulnérabilité politique, où les jeux de pouvoir peuvent vous entraîner vers une chute brutale autant qu'incompréhensible. Même si vous avez réussi, même si vous avez beaucoup apporté à l'entreprise, vous êtes en risque, simplement parce que les priorités changent et que l'autorité fonctionnelle perd de sa force dans le jeu des acteurs.

Comme le montre le schéma ci-dessus, la chute (quand chute il y a) est incroyablement plus rapide que la montée en charge. D'autant qu'auréolé de ses succès, on ne la voit pas facilement venir. Nous écrivons « chute » ou « disgrâce » : il ne faut rien exagérer. D'abord, parce que certaines entreprises savent parfaitement capitaliser sur leurs fonctionnels et les mobiliser autrement. Ensuite, parce que si vous n'avez pas profité de votre réussite comme d'un tremplin pour aller ou retourner vers l'opérationnel au moment où c'était possible, vous avez encore la possibilité de rebondir... dans une autre entreprise.

Les vraies réussites fonctionnelles sont assez rares et les besoins immenses ! Les fonctions permettent d'effectuer des parcours riches. Les meilleurs fonctionnels passent d'un secteur à l'autre, qu'ils enrichissent de leur savoir-faire, dans des groupes et sur des périmètres de taille accrus. Leurs carrières sont généralement passionnantes.

Dans tous les cas, ne vous mettez pas en risque inutilement : préoccupez-vous de trouver un poste opérationnel dès votre troisième année. Vous avez déjà beaucoup appris et l'entreprise peut en profiter !

3. ... Même si ce n'est pas facile !

Une fonction, c'est souvent comme dans le film de Dany Boon *Bienvenue chez les Ch'tis* (2008) : on pleure en y arrivant, et on pleure en la quittant.

> ### « Mon bébé »
> Monsieur Qualité n'aurait jamais quitté sa fonction de lui-même. Il l'a créée, l'a portée, l'a fait grandir. Il lui a donné un statut unique dans l'entreprise, l'a portée au niveau d'une direction régalienne reconnue, puissante et surtout utile. Il la considère, à juste titre, comme son « bébé ». C'est là, au moment où il a enfin réussi à l'amener au plus haut niveau, qu'il est en réalité le plus fragile. Un directeur opérationnel ambitieux et bien introduit a profité d'un changement de directeur général et d'une réorganisation pour le faire tomber. Monsieur Qualité est poussé dehors, sa direction est éclatée et reléguée un niveau plus bas dans l'organigramme.

Les responsables opérationnels ont généralement moins de difficulté à quitter leur unité. Au bout de quelques années, ils lui ont « tout donné », comme ils disent, et commencent à s'essouffler, à piaffer, à trouver leur terrain de jeu trop étroit.

Tandis que les responsables fonctionnels se considèrent plus souvent comme des missionnaires, porteurs de l'idéal de leur fonction, détenteurs de sa richesse, de ses méthodes, de sa technicité. Mal aimés parfois, incompris souvent, mais c'est au nom de l'idéal de leur fonction !

On n'a jamais fini d'implanter une fonction dans une entreprise. Il y aurait encore tellement à faire… Il reste toujours des bouts d'outil-modèle, des méthodes, des pratiques qu'on aimerait mettre en place. Et puis on a toujours l'impression (d'ailleurs juste) que sa fonction reste fragile et que son réseau personnel soigneusement construit constitue un garde-fou essentiel.

Il faut cependant, là aussi, rester cohérent : les opérationnels sont ceux qui font vivre (ou pas) la fonction, elle ne vous appartient pas plus aujourd'hui que lorsqu'il s'agissait de la faire monter en puissance et de l'animer. De plus, il convient de se dire deux choses :
- Personne ne vous reprendra les années que vous y avez vécues ; ni à vous, ni à ceux qui vous ont accompagnés, équipiers et correspondants bien sûr, mais aussi directeurs d'unité, voire opérationnels.
- Si vous avez pu institutionnaliser des dispositifs managériaux et organisationnels autoporteurs, il y a fort à parier que la plupart resteront en place : outil-modèle bouclé (**Clé 7**), benchmarks, objectifs des dirigeants, (**Clé 6**), jusqu'aux modules de formation.

Vous n'aurez sans doute pas exercé de pouvoir hiérarchique pendant vos années dans la fonction, mais vous aurez néanmoins pu laisser une empreinte forte dans votre entreprise. Ou, pour reprendre un indicateur évoqué plus haut, l'entreprise ne sera plus jamais la même après votre passage. Qui peut en dire autant ?

Même si quitter une fonction est douloureux, l'expérience parle d'elle-même : vous devez vous préoccuper de votre propre évolution, faire votre propre commercial assez tôt. Au risque sinon de rater votre sortie, voire de mettre en difficulté votre propre carrière et votre fonction elle-même par ricochet !

Cela peut paraître antinomique avec d'autres Clés de ce livre : l'humilité réaliste ne doit pourtant pas se faire au détriment de sa propre carrière.

Et pour conclure

Un tremplin pour vous, une spirale vertueuse pour l'entreprise

Clé après clé, nous vous avons entraîné sur le chemin d'une fonction plus efficace et performante. Tout au long de ce chemin, nous avons récolté trois types d'éléments majeurs pour la réussite de toute filière fonctionnelle, dans ses articulations avec les unités opérationnelles :

– des postures adéquates ;
– des points d'appui sur lesquels légitimer vos souhaits de trans-formation culturelle et de professionnalisation ;
– des leviers managériaux pour générer les progrès souhaités.

Points d'appui et leviers sont apparus beaucoup plus nombreux et variés que la croyance pourtant répandue que « *sans pouvoir on ne peut rien faire* ». Nous espérons que ce chemin commun a pu enrichir vos pratiques et vous apporter de nouveaux réflexes managériaux, que vous soyez responsable fonctionnel ou manager opérationnel.

Mais ce n'est pas tout. L'expérience montre que l'établissement de passerelles réelles entre fonctions et opérations constitue souvent un gage de réussite pour les entreprises.

Un fonctionnel promu dans une mission opérationnelle après avoir réussi, c'est le démarrage d'une spirale vertueuse. L'opérationnel gagne en capacité de management transverse en dirigeant une fonction, et quand il a réussi dans la fonction il est promu sur un périmètre opérationnel supérieur.

Le management de l'entreprise y gagne en fluidité et en capacité de motivation pour ses cadres supérieurs. Ses responsables fonctionnels venus de l'opérationnel savent ce qu'ils ont à y gagner ; ils arrivent motivés, les fonctions attirent d'ailleurs les meilleurs ; ils connaissent les problèmes opérationnels pour les avoir vécus, donc ils gagnent du temps.

Les dirigeants opérationnels, patrons d'unités ou… de l'entreprise elle-même, passés par une fonction, y ont développé de nouveaux réflexes d'efficacité managériale, un réseau relationnel, une connaissance de l'ensemble de l'entreprise. Leur fonction a grandi avec eux, elle s'est inscrite dans la durée, accroissant par là-même le professionnalisme des équipes.

En bref, votre réussite dans une fonction est aussi celle de votre entreprise. Alors bonne chance ! Le voyage, comme souvent, est aussi important que la destination.

Index

www.ingramcontent.com/pod-product-compliance
Lightning Source LLC
Chambersburg PA
CBHW070400200326
41518CB00011B/2005